楽しく生きるために

谷口清超

日本教文社

はしがき

人は誰でも、「楽しく生きたい」と思う。逆に「苦しく生きたい」などと希望する人はいないだろう。しかし現実には「苦しみ、悩む人」も沢山いるのだ。病気とか失業とか、入学試験に合格しない、何べん受けてもダメという人もいるだろう。

しかし楽しく生きるには、ごく簡単な方法もあるようだ。例えば平成十四年五月二十三日の『産経新聞』に、大阪府堺市の吉井理央さん（27）が、こんな投書を出しておられた。

『毎日の通勤電車で、さまざまなタイプの人を見かける。

乗車待ちの列を乱すだけでなく、降車する人まで押しのけて乗るおばさんは、座席や居心地のいい場所取りが目的。

また、混雑した車内でも奥に詰めず、乗降の邪魔になるドアの前を離れない若者は、真っ先に下車する準備。

おじさんは少しでも自分の空間を確保しようと、脚を広げ新聞を畳まず読み、隣にかばん。

そして改札でも、われ先に通ろうと誰もが小競り合い。

これらは全部、「自分優先」の考えが反映した行動だ。

「人は、生まれながらにして無礼だったり思いやりがなかったりするわけではありません。ただ、時間に追われてそうなってしまうのです」（エクナット・イーシュワラン著『スローライフでいこう』）という面白い見方があった。

確かに、時間があれば乗降や改札に並んでも支障はなくなるし、心に余裕ができれば他の人に譲ろうという気持ちもわきそうだ。

時間と心のゆとりを持てば、気分もさわやかになる。（会社員）』

心にゆとりを持つことはとても大切だが、「時間」にしばられて、「時間」に追い立てられると楽しくないものだ。人はとにかく時間や空間に執着したり、しばられたり、引っ掛かったりする。その束縛から解き放たれる人もいる。例えば遠藤周作さんという有名な小説家がおられ、平成七年に文化勲章を受賞し、平成八年に昇天された。その作品中に『狐《こ》狸庵《りあん》閑話』（新潮文庫）というのがあるが、その五十頁ごろから、幼いころから自分は「グータラな人間であった」と書いてある。

阪神の御影《みかげ》にある灘《なだ》中学（旧制）に入ったが、クラスがＡＢＣＤと四組あって、成績順に入れられる。そのＤ組に入った。つまり一番成績の悪いクラスだ。五年生の卒業前に、教師が各自の受験校を聞いたので「第三高等学校」と答えた。すると「教員室は爆笑の渦となった」という。当時の一高や三高は秀才の行く学校ときめられていたからだ。

さて受験はしたが見事に落第した。しかし前もって三高の帽子を買っておいたので、それをかぶって教師や友人の家を歩き回ったから、学校中の笑いものになった。（五十三頁）

浪人一年目もグータラにすごし、二年目は広島、甲南、浪高などを受験して落第した。三年目は日大医科を受けて落第。慶応の医科には願書を出さず、そっと慶応の文科に願書を出した。答案はなにも書かなかったが「どうしたのか補欠で入れてもらえた」。そこで父に「慶応に入った」と言うと、父は医学部に入ったと錯覚して、親類を呼んで大喜び。

『「お前もこれで医者だ。安心してわしも死ねるよ」

「いや……」私はやっと打ちあけた。「文科に入ったんだぜぇ」

真赤になって激怒した父は私に四年目の浪人生活をしろ。それでなければ家を出て行っ

て自分で食ってみろと言う。』(五十四頁)

一晩あれこれ考え、翌日住みなれた家をふりかえり、ふりかえり家出した――というのである。それでも遠藤周作氏はフランスに留学したりして立派な文学者となり、『沈黙』や『女の一生』などの名作を残されたのである。これはぜひ今年入学しなければならぬという時間や、必ずしも○○高でなければならぬというような「時間・空間の枠」を取っぱらった人の一例を紹介したのであって、皆さんに氏のマネをせよという意味ではない、念のため。

とにかくこの世は時間・空間の四次元世界であるが、この現象世界だけが「本物」ではなく、本当は「無限次元」の「神の国」の住人だということを知るならば、トテモ楽しく生きられるものである。詳しいことは、本文を読んで下さると、もっともっとよく分るであろうと思う。

平成十四年六月十七日

谷口清超しるす

楽しく生きるために　目次

五、国際平和と愛

一、地球よ、ありがとう

1　地球よ、ありがとう

地球学校

私たちは、みな父母から誕生して来る。そこで「父母によって生み出された」とよく言うが、本当は肉体はそうでも、私たちの本当のいのちは神様によって造《つく》られ、しかも完全円満に作られたのである。従って「人間は神の子である」という。

しかし「神様なんかいない、人間は肉体だ」と考えている人たちもいるから、こういう人は肉体が生れた時人間は生れたのであり、肉体が死んで動かなくなったら、人間は死んだ、そしてやがて灰になるだけで、いのちはもうないのだと言うであろう。

では人間が誕生するのは、どんな目的があり、どんな意味があるのか。せっかくこの世に生れて来ても、灰になるだけの人間なら、この地球上に生れて百年やそこら生きていてもつまらないではないか。灰になるだけなら、初めから灰か岩か土であった方がいいということになる——そう思う人も、きっと沢山いるだろう。

しかし私達は人間を肉体とは考えないのである。だから人間のいのちは永遠に死なないのであって、ただ一時的に肉体の姿をあらわして、この地球上に入学する、「人生学校」の生徒のようなものだと言うのだ。よく四月になると小学生が新しい制服を来て学校に通い出すが、そのような「地球学校の制服」が肉体だと考えると分りやすいだろう。従って肉体が死ぬということは、単に制服をぬいで、「地球学校」から卒業したということだ。どこかで又別の服を着て、ずっと生活を続ける。そして永遠に死なないで、色々の場所で「神の子人間」のすばらしさをより一層現わし出す練習（学習）をするのである。

だから地球は一種の学校だ。大切な吾々の〝母校〟だと思わないといけない。そこでは色々の学習が行われるが、それはみな吾々の中にある力や智慧をより一層現わし出してくれるレッスンである。学校ではよくテストがあるが、地球学校でも、色々のテストがある。入学試験もその一つだが、何しろ地球に生み出されるということも、地球学校に入学するのだから、適当な実力がついていないと生れ出るわけには行かないのだ。

教えてくれる

では落第するとどうなるかというと、それは地球上のお母さんの、おなかの中に又入って来ることはもう出来ない。しかし幸いにしてある程度の〝学力〟のある者は、再入学がゆるされてオギャーと生れる。だから「生れた」ということは、「地球学校に入学できた」ということで、もううれしくてたまらない。見るもの聞くものが光り輝いているはずである。

ところが、このような「幼な子の心」がいつの間にか感謝や讃嘆をとりやめて、不平不満で、泣いたりぐずったりするようになる。中には腹がいたいとか、カゼを引いた、気分が悪いという人たちも出て来るだろう。時には身体の一部がうまく動かないというような人もいて、感謝や讃嘆ばかりしていられない状態になる。

しかしこういう時でも、それは地球学校の中の一つの出来事で、みな何かを教えていてくれる教材なのである。それは私達の心に何かを教えてくれている。そしてもし食べすぎたり、父母のいいつけを守らなかったりした時は、身体の調子が狂うことによって、私達は欲望ばかりのさばらせてはいけないとか、守るべき規則やしつけは、ちゃんと守らなければならないことを教えられるのである。

その上、地球学校では、人間ばかりが教えてくれ行儀をしつけるのではない。他の動物も植物も、みな何かを教えてくれる。例えば庭や野山に咲いている花は、「美しさ」を教えてくれる。そして美しい花は、私達にタダでその美しさを見せてくれる。時には、その花全体を私達に捧げてくれ、実や種子《たね》までもくれる場合もある。

それは私達に「美しく咲きなさい」と教えていてくれるのであり、「他の人々によいものや喜びを与えなさい」とも教えていてくれるのだ。

また大きな植物は、その緑の葉で、炭酸ガスを吸い、大切な酸素を与えてくれている。その酸素を吸って人間や動物が生きる。つまり地球一面に生《は》えている森や林や木や草は、私達にタダで酸素を与えてくれ、生かしていてくれる。だから、森や林や木や草は大事にしなければならないし、むやみに引っこ抜いたり、切りすてたり、燃やしたりしてはならないのである。

ところが人間はいつしかそんなことよりも目先の利益ばかりを考えて、森や林を倒して、木材をむやみに燃やしたり、山林を倒してゴルフ場にしたり、家をたててそれを売ったりして来たものであるから、とうとう地球上の森林が少くなり、地球の酸素が足りなくなりつつある。石油をもやしたり、戦争で人家を焼いたり傷つけたり、ふみにじったりして、ますます酸素をへらし、炭酸ガスなどをふやしすぎたのだ。海や川をよごし、魚や生物を殺しすぎたのである。

こうして最近は地球がとても荒れすさんで来た。そうなると気候が変って来て、雨が降らないところもふえるし、大雨が降ると雨水がどっと流れてきて、田畑や家を押しつぶすというようなことも起り出し、今いろいろの問題が出て来ている。最近も火山が噴火したり、大洪水が起ったりしているが、これは地球が人々に〝ある警告〟を出しているのだということも出来るだろう。

因果律

というのは、この地上生活には動・反動の法則というのがある。例えば人がボールを壁にぶつけると、ボールはそれと同じ大きさの力でハネ返される。つまり作用と反作用とが等しいという法則だが、人間の心がからんで来ると、それが「因果律」となり、もっと複雑な結果が現われてくるのである。

例えば人や生物を傷つけると、やがてこちらが傷つけ返されることになってしまう。だから森やけものを傷つけたり殺したりしていると、そのつけが返って来て、人間の方が自然から傷つけられる。人と人との間でも、相手を傷つけると、こちらも何かの形で、いつかは傷つけられて不幸になるものである。

その代り、相手を愛し、守り、育て、ふやしてあげていると、こちらもまた愛され、守られ、そして恵まれるのである。人間は今まで地球の生物を傷つけすぎて来た。だから人間も食糧難になったり、天候異変や、災害などでなやまされ、ついには人と人とが戦い合い殺し合うようなことが大規模に起るのである。

かつての湾岸戦争でも、イラク軍はクウェートやサウジアラビアの石油を手に入れようとしてせめよせた。ドンパチドンパチと戦って、敗けて引きあげる時、クウェートの油田に火をつけたり、油をペルシャ湾に流したりして、沢山の魚や海の生物を殺したのであった。

こういうことをすると、必ずそのお返しがかえって来て、イラクばかりではなく、凡ゆる国の人々がその害をうけ、

「殺すなかれ」

という大切な教えを身をもって教えられるのである。石油の煙で日光の照る量がへり、

畑の作物もよくとれなくなったりする。つまり多くの人間たちが困るのだ。そういうことを地球学校はとても深切に教えてくれ、人は人を殺さず、動物や植物をむやみに傷つけないことを教えてくれている。

べっこう亀やサケや鯨《くじら》やいるかでもそうだが、象牙なども金もうけのために沢山の象を殺していると、そのお返しは必ず人間の社会にハネ返って来る。鯨でもとって食べていると、たしかに食糧にはなるし、お金ももうかるだろう。しかし鯨がいて大洋をゆうゆうと泳いでいることは、とても人間にとって大切な教材なのだ。彼らはお互いに愛しあい、子どもを生み、歌をうたい、ダンスをしたりする。もっともその歌はあまりに低音すぎて、人間にはほとんど聞きとれないが、象でも鯨でもいるかでも皆夫々《それぞれ》の声で話したり、歌ったりするのだ。

それを勝手に殺して食べたり、金もうけするというような人間の身勝手さは、いずれ何かの形でお返しをうける。それは噴火や地震や、大きくは天体（惑星）の衝突といった事件や気温の激変などであらわれることもある。相手からすぐお返しが来るわけではないが、とにかく悪因が悪果をまねく。その代りに善因は必ず善果をもたらすのである。

ありがとうの毎日

つまり悪いことをすると悪い報いが来るし、善いことをすると善い報いが来る。愛するものは愛されるが、憎む者は憎まれる。犬でもそれを恐れたり憎む人にはほえつくが、可愛がってくれる人にはなついて、恩返しまでする。ちょっと可愛がるだけで、とてもよろこんで、とびついてくる。しかし人は中々、友達にもとびつかない。父や母にもとびつかず、へんな目つきでにらんだりする。だが、これではやがてどこかで傷つくことになるのはほぼ間違いない所である。

ところが自然はゆとりをもって、そういう因果関係を教えてくれる。人間は今まであまりにも地球の生物や水や空気を傷つけすぎた。だからこれからはもっと地球に感謝し、大切にして、より一層楽しい「地球学校」にしなくてはならない。そうしないと二十一世紀の地球はますます住みにくくなり、難民が一杯あふれ出すだろう。

そうなるとその難民は、地球上で一番住み心地のよい「豊かな国」におしかけて来る。すると「豊かな国」と思っていた国も、住みにくくなる。さらに又新しい病気が次々に出て来たりして、人間は文明がすすむと共に、新種の病気をいくらでも作り出して行くのである。

これはやはり自然を大切にしない所から来ている結果だと言える。大切にしないということは、それを見習わないということでもある。例えばこのごろはカンヅメやジュースなどばかりを飲んで、その空カンを大地に投げすて、ゴミの山を作るようになったが、あれは自然にさからっている姿だ。

第一、あの甘すぎる甘さはどうにもならない。からいと来たら、ものすごくからい。タバコもくさいし、酒も強すぎる。ところが自然に出来る果物は、甘すぎず、からすぎず、丁度健康に適した味で、熟すとこんなうまいものはない。だが文明人は形や色のことばかり考えて、果物でもわざと着色したり、形の大きさを一定にしたりして、とても高いものにしてしまっている。安いのはカン・ジュースで飲ませようとするが、その甘さはいかにもきつすぎて、人々の歯をポロポロにする。アゴの骨をきたえないから、歯もアゴもガタガタになる。塩からすぎたり、甘すぎたりするから、やがて病気の身体を作り上げる。これは大自然を見習わないからである。「地球学校」のすばらしい教材を無視して「金もうけ」のことばかりを第一にするから、結局人間はあとになって苦しむのである。

だから皆さんも、もっと地球に感謝して、ありがとう、ごくろうさん、と拝むような毎日を送らなければならない。太陽が照るのが有難いし、雨が降るのもありがたいのだ。水にも、空気にも、そして花にも木にも山にも感謝しよう。排気ガスもなるべくへらして、むやみにエンジンを吹かさないことだ。太陽熱や光のエネルギーを利用し、自動車もはやく電気自動車や水素自動車を実用化し、大気をよごさないようにしよう。

それから又、大地にツバを吐《は》かないことだ。小便をかけたり、タバコやガムを捨てないことである。何しろ「地球学校」をよごさないことである。そして人々や生物全てに迷惑を与えないようにする〝訓練〟をしなければならない。

自分の家族ばかり幸せであるというよりも、もっと広く全ての生き物や大地や自然も幸せであるように、大きな心で、国と国との交りにもエチケットをまもり、お互いに感謝し合って、ありがとう、サンキュー、オブリガード、メルシ・ボクの心で、たのしく明るく暮らすようにしたいものである。

2　自然を大切に

動くものもある

　ところで自然はあらゆるところにある。山も川も、草も木も、大地も動物や植物、そして人間も全てをふくんで〝自然〟がある。しかしそれらの適当なバランスが崩《くず》れてくると、〝不自然〟ということになり、色々な困難な問題が起るのだ。例えば地球の中ではアジア大陸とヨーロッパ大陸がくっついていて、アメリカ大陸とは離れているが、昔からそうだったのではない。自然に大陸が動いて、こんな形になり、今アフリカ大陸も北の端で中東地域とくっつき、ユーラシア大陸ともつながっている。

　しかも昔は南米とアフリカとはつながっていたという説が公認されているが、今は離れて、その間に大西洋が横たわっている。だからブラジルの大地と、西アフリカの大地とは赤みがかったポエラ（ほこり）の舞い上がる土地で、私も昔旅行した時、そのポエラをかぶったことがあった。

　このように自然界は自然に変わるのであり、〝変わらないのが自然だ〟と思うと間違ってしまう。気温も大気の状態も、自然に変わって来て、暖かくなったり、寒くなったりと、繰り返し波打っている。しかしその変化が動物や人間の勝手気ままな行いで変わってくると、その不自然さがかえって動物や人間に被害を与え、ついには災害や生活の困難を引き起すのである。

　例えば小さなことでも、人々が地面にカンカラや屑《くず》ものを投げちらすと、そこらあたりの町や村がきたなく汚れて、住みにくくなるだろう。田んぼの中に捨てられた空カンで、怪我《けが》をする農家の人も出るし、富士山でも「きたなくてやり切れない」と、登山者たちから不平が出る。それは別の登山者自身がよごしたのであって、空中から飛行機がバラまいた屑やカンカラや糞尿《ふんにょう》ではないのだ。

　例えば平成十年九月二十六日の『毎日新聞』には、中学生（十五歳）の和田悠作君（神戸市西区）のこんな投書がのせられていた。

樹木が大切だ

『最近、「ダイオキシン」という言葉とともに、「ごみ処理場が足りない」という話をよく聞く。

ぼくはこれまで、そのことにまったく関心がなかった。

しかし、先日、学校へ行く途中、ごみ捨て場にドーンと大きなソファが捨ててあるのを見つけた。まだきれいだったし、全然、傷《いた》んでいなかった。

ぼくは、もっと物を大切にすべきだと思った。今でこそ日本は豊かだから、金さえあればいくらでも物が手に入る。しかし、そんなことばかりしていていいのだろうか。

豊かさを味わうより、もっと一つの物を大切に、長い間使うことが大切だと思う。そうして使っていると、愛着がわいてきて、もうこれ以上使えない、というところまで使うだろう。

今、みんなが捨てているごみのうち、「本当のごみ」はどれくらいあるのだろうか。

それを、一人一人が見つめ直すことによって、ごみはもっと減っていくと思う。』

一口にゴミといっても、大きなソファーなどは大部分が木材でできている。その木は山の樹木を伐《き》って作るのだから、樹木が大いに役立っている。その木や椅子《いす》のいのちを大切にして、永い間大事に使ってあげるという愛念がないといけない。家でもそうだが、薪《まき》や紙に使う時も、むやみに伐り倒すと、山の樹木が少なくなって禿山《はげやま》が多くなる。すると緑地がへって、沙漠がふえ、山に住んでいた動物たちが追い立てられ、その数が減ったり、人間の畑地に入って来て、そこらあたりの作物を食べちらすということになる。

又沙漠がふえると、そこらあたりは雨がふると、たちまち大洪水になる。しかも緑の山よりも沙漠の方がよけい太陽熱を吸収するから、地球や大地が温まって、そこには多くの生物が住めなくなり、せっかくの文明が滅んでしまうのである。

さらに山崩れや洪水がおきると、今まで茂っていた樹木も倒されてしまうから、さらに緑地帯が減り、このような悪循環が続くと、ますます地球の温暖化がすすむ。

だから小さなことのようでも、全世界の人々が、物を大切に使うか、それとも古くなったらおしげもなく捨て去るか、やたらに経済的に得だとか、体力がいらないから楽だという気持で、昔の物を捨てたり、こわしたり、粗末にして捨ててはいけないことが分かるであろう。鉱物資源の石油でも、石炭、天然ガスやさらに電気でも、無駄に使うと、結局大気や海の汚染を引きおこすもとになるし、人類の大切な「人生学校」という地球をダメにする時期を早める結果になるのである。

動物と仲よくする

しかもこの「人生学校」という地球は、人間だけのものではない。大小の動物達の共存する場所であるから、彼らを可愛がり、傷つけないようにしてあげることだ。私が今住んでいる住宅と本部との間を行き来している時、いつも通っている道に鳩が餌をついばみに来る所がある。その近くには少年少女達が集まって、よくナメている甘ったるいお菓子を売っている店がある。すると鳩たちが寄って来て、そのお菓子の皮の落ちているカケラを拾って、たべるのだ。

そこを通っていると、時々子供が鳩をおっかけたり、わざとおどしたりしていることがある。鳩はおどろいて逃げるが、しつけの悪い子はさらに追いかける。そんな子供（といっても中学生くらい）に、そんなことをしてはいけないよ、可愛がってあげようと注意したことがある。すると大ていやめてくれるが、中にはブスッとしてふくれている子供もいる。こんなことは、入学以前の段階で、親がおしえておくことが大切だ。

そんなイジメ心が次第に大きくなり、動物のいのちを殺したり、いじめたり、さらには兎や猫を殺したりして、人間のいのちでも殺してしまうような「殺しの犯人」に仕立てられて行くのである。ところが逆に小動物をいたわる心がしつけられていたら、何人もの人間に毒を盛ったり、女性を「皮膚がきれいになる」などといつわって、睡眠薬をのませ金を奪って捨ててしまうようなムチャクチャをする心になるはずがない。

野生動物でも同じことだ。平成十年七月三十一日の『読売新聞』には、こんな話がのせられていた。

『練馬区の民家に毎日のようにタヌキの親子が訪れ、近所の人気者になっている。同区土支田の植松昭隆さん（71）、喜久子さん（60）夫妻宅。今年二月の雪の日に体長五十㌢ほどのつがいを初めて見つけた。四月には玄関先まで入り込んで来たため、昭隆さんが拾った虫を食べさせると、それ以降、えさをねだりに頻繁《ひんぱん》に姿を見せるようになった。早朝や夜が多いが、昼間に道端でひなたぼっこしていることも。

六月には、三匹の子ダヌキも登場。今ではあちこちでえさをもらうスターにのし上がった。ただ、夜にはどこかへ帰っていき、巣の場所は分からないという。植松さんは「かわいくて仕方がない。名前もつけないとね」と話している。』

タヌキでもキツネでも、その他の野生動物でも、馴れるととても人なつこくなる。彼らが「人を化《ば》かす」などという人もいるが、そんなことはない。化かすのがもっとも上手なのは人間であって、動物は正直で、ウソをつかないし、ドロボーもしない。彼らが人家に入って何かをとって食うのは、ただ餌をさがしに来ただけであり、その原因の大半は、人間が山の森林を次第にけずりとって行ったからである。

自然の森や野原は、人間に色んなことを教えてくれる「学校」のようなものだ。だから野外教育は大切だと言われていて、遊ぶのでも室内よりも野外の方が自然であろう。平成十年七月四日の『産経新聞』には、こんな投書がのっていた。

『

大塚節生　33（東京都狛江市）

ニュージーランドの高校で日本語を教えていたときのことです。ある晴れた日、生徒たちから「先生、外で授業をしましょう」という提案がありました。

乗り気ではなかったのですが、勢いに負け、生徒たちと校庭の芝の上に腰を下ろし、彼らと同じ目の高さで野外授業を行いました。

「日本語でグラス（芝）は何て言うの？」「ウォーム（みみず）は？」と、生徒たちは目に入ってくるものすべての日本語を知りたがりました。

また、あまり注意を払わない身の回りの生き物の名前を逆に生徒たちから教わりもしました。

先生の説明をただノートに書き取るだけの「受け身」の授業とは違い、青空の下では、ふだんはおとなしい生徒も伸び伸びと積極的にいろいろと質問をしてきました。それ以来、自分から進んで野外授業を提案するようになりました。

さて、日本の教育課程審議会の最終報告には、「総合学習」という時間がありますが、その中でたまには野外授業を取り入れてみるのも一案なのではないでしょうか。そこからも教室の授業では得られない何かを学べると信じています。

（英語塾講師）』

限りない人生学校

教育というのは、何も学校の校舎の中や、学習塾だけでやるものではない。大自然界の全てが「人生学校」であり、ここで「自然を大切にする」ことを学ぶのが、「人生学校」の課題である。それは有名人になったり、お金もちとなったり、地位が高くなることなどではない。いのち、いのちの大切さや、物質は物質ではなく、みな心の変化したものであり、いのちのあるものだということを学ぶことが大切なのである。

しかもこの地球は、地上の学校と同じく、決して永久に不変というものではない。前にものべたように、自然は自然に変化する。この変化を不自然に早めてはいけないが、いくら不自然に変化を引きのばそうとしても、それは結局ムダな努力になる。丁度人間の寿命でも、やたらに引きのばして、死にそうな人を人工呼吸器や点滴で生かし続けても、結局あまり役に立たず、やがて死んでしまうということになるようなものである。

地球という人生勉強の舞台も、自然界の一つとして、「自然に変化して行く」のである。地球上のエネルギーのもとである太陽も、次第に変化して行く。何故なら、太陽は天然の水素爆弾のようなもので、一定分量の水素ガスが核融合反応を起して、次第にヘリウム以下の重い原子に転換して行くからである。

さらに又太陽は銀河系星雲の中の恒星（スター）の一つであり、半径は七十万キロメートル位で、質量は地球の三十三万倍もあると言われている。地球や水星、金星、火星、木星、土星、さらに天王星や海王星や冥王星《めいおう》などの光を放たない惑星も自然界の仲間だ。そのほかにもごく小さな小惑星が沢山ある。これも自然界の中の大切な星々だが、その惑星の周囲を回る衛星もあり、月などは昔から有名で歌や詩によまれた。これらも大切な自然であり、今すぐ月がこわれたりなくなったら、人々はみな淋しがるだろう。

しかし全ての星は太陽と同じく始めがあるから終りもある。太陽の四倍以下の恒星は、次第に温度が下がって赤色巨星となり、さらに冷えて白色矮星《わいせい》となり、どんどん暗くなり小さくなる。これは原子エネルギーの変化によるものだから仕方がない。こうして太陽が赤色巨星となったころには、太陽の直径が今よりずっとふくらむわけだから、周囲の地球などを包み込んでしまう。当然地球は高熱となって、物質生命は消えてしまう。だがそれはずっとずっと未来の話だから、今すぐあわてふためく必要はないのである。

こうして人間や動植物が住めなくなったとしても、人間のいのちそのものがなくなったのではない。何故なら、いのちは最初から物質ではなく、物質の肉体によっては感覚されていないからだ。そこで今の地球から、「肉体が死んだ」としても、それらの人々のいのちは生きていて、「神の子」として、あるいは「仏」として、完全円満にあり通していると信ずるのが正しいのである。

しかし大自然界はその中に、色々の段階の「人生学校」を用意してあるので、そこへ生まれかわって又多くの勉強をし、地球でし残していた「神の子・人間」の学習を続けるのである。つまりどこまでも〝悟り〟が深まり、智慧《ちえ》と愛とが高度になって、本当の「神の子・人間」のすばらしさがますます現れてくるということになる。何とすばらしい大自然であり、楽しい人生であることだろうか。

3　いろいろの自然

自然と共生

あなたたちは「自然」という言葉を聞くと、何を考えるか。空とか星とか、地球とか、山や川のことを思うだろうか。それとももっと抽象的に、「自然にこうした」とか、「自然にあくびが出た」などという自然を考えるか。

勉強にあきて、遊びにもあきて来た人は、「自然にあくびが出た」を取るかも知れない。わざわざ花火見物に来た人は、夜空に輝く花火や森や海岸の自然を思うだろう。「花火」そのものは、自然に出来たのではなく、人工のものだ。しかしそのもとになっているのは、自然界の花や華《はな》ではないか。それを人々はいつの間にか空《そら》という自然の中に咲かせてみたくなったのだ。

このように人の作り出す物でも、そのもとになるのは、自然界の山や川や植物や動物である。その中には人間の〝肉体〟という自然も含まれている。つまり人間の肉体も、動物の中の一つだということだ。そして昔は人間もまた他の動物と共に森や草原に住み、他の動物たちと共に植物を食べたり、空気を吸ったり、水を飲んだり、さらには小さな動物に手を出したりしたのである。

しかしどんな動物でも、たった独りでは生きては行けない。とにかく自分を生んでくれた父と母がいてくれなくては、この地上に〝肉体〟として生まれては来なかった。そして他の動物でも同じことが言える。植物でも同じ植物の親木がどこかにないと、ふえて来ることも、子孫を育てるわけにもゆかないのである。

さらに地球という自然界には、陸と海と空とがあるが、そこでも動物や植物が生きて群《むれ》をなしている。その群も似たようなものや変わった種類のものなど、大小様々だ。そしてお互いに取ったり取られたり、与えたり与えられたりして、安定した世界が作られて来ていた。ちょっと見るとそこでは殺し合いのように見えていても、あまり他の生き物を取りすぎると、その取る側が、次には取られたり殺されたりして、全体としてバランスがとれて来た。こんな状態を「共生」といって、ごく当り前の自然の成り行きだったのである。

魂の声

ところが人間は他の動物と違って、特に脳髄が発達し、色んな道具を作り、火をもやして生活を豊かにした。中でも火を利用することは、自然界のバランスを崩す大きな力となったのだ。もちろん自然の森でも、暴風によって森林が燃え出す現象もあり、人間ばかりが火を作ったのではない。しかし人はこの火を利用して食物を加工した。木を利用しそれで戦った。石を加工して他の人や動物を打ちまかした。

時には火山の爆発で、地中のマグマが流れ出て森林をもやし、動物たちを殺すこともあった。しかし動物たちは、別の森の中に逃げのびて身を守り、焼けた地面にもいつのまにか新しく植物が生えてきて、緑の森が新しく作られたりしたのである。

しかも人間の能力は他の動物よりも一層発達し、林や森を伐《き》って燃料にしたり、住居にしたりして、植物たちを圧迫しだした。するとそこに住んでいる動物たちは別の山や森に逃げて行く他はなくなり、次第に追いつめられて群も数も減少した。そして人里にも現れ、人間から又追い立てられたりする始末である。

ところが人間は脳髄が発達して利口になっただけではない。それは「肉体人間」のことだが、本当の人間は「肉体」ではないことを、かなり昔から知っていたようだ。それは人の魂をみとめ、肉体が死んでもその魂が生きていると思って、お祀《まつ》りをやり出した。お墓を作り、肉体から別になった「魂」のお祀りをしたのだ。そして〝あの世〟のことを考えたり、〝地獄〟や〝極楽〟（あるいは〝天国〟）のことを思ったりした。

それは肉体が死んでも、魂は生き続けているということを直感したからであり、さらに善いことをしたら天国へ行くし、悪いことをしたら地獄のような苦しい所へ行くという「心の法則」や「因果の法則」まで考えついたということだ。これは大変大きな発見であり、新発明でもあった。そして鹿を殺しても、それ相当の地獄へ行くし、鳥を殺しても、その罪にふさわしい地獄へ行くなどと言い出した（『往生要集』にも書いてある）。これは明らかに、「動物のいのちを大切にしよう」という進んだ考え方である。単に人間の快楽や安楽ばかりを求めてはいけないという「魂の声」を聞くようになったのだ。

信仰のひろがり

こうして人は他の動物にはない「神」や「仏」の存在を考え、その見えない世界を信ずる宗教を持った。このような信仰は、他の動物や植物にあるものではない。象などの高等動物も仲間が死ぬと、皆が集まってきて悲しがる光景は見られるが、死んだ仲間の魂のことや、死後の世界や、神や仏について考えるということはないだろう。

しかし動物たちには、他の動物を傷つけたり取ったりしても、必要以上に深く追いかけたり、数多くのものを殺すということをしない本能を持っている。つまり動物たちにも〝共存〟への道が用意されているのだ。

しかし人間は、信仰を持つことが出来たのだが、こうして殺生を否定する人達が出てくるずっと以前から、人と人との殺し合いがひどく行われて来た。そして戦争というような、他の動物にはない大掛りな殺し合いも始まってきたのである。これは共生の方向とは全く別の現象だが、これが信仰を求める大きな力ともなっていた。さらにそんな戦いの中でも、「生かし合い」も行われた。それは敵が降参してくると、味方として生かして使うというやり方である。

このような〝敵〟を〝味方〟にしてしまう考え方は、人間の魂の要求にはとりあえずふさわしい。本当の魂の要求は「大調和」であり「極楽」であり「天国」なのだから、そこにはもともと殺し合いや奪い合いはない。いじめもなく、争いもない世界、つまり「神の国」「天国」「極楽」があるのみだ。それを全ての人々が求めているのが「本当の願い」だから、当然それが本当の「実在」だ、という悟りが生まれてくる。それが〝最高級〟の魂の発見といえるだろう。これからはそのような宗教が多くの人々に広がって行くことによって、この世界がごく自然に良くなって行くはずである。

ところが逆に、人々が自分の欲望や快楽ばかりを求め続けていると、他の動植物は次第に殺されたり削られたりするだろう。山は低くなり、河もうめられ、海も浅くなってよごれてくる。そして空気も次第に濁ってくるのだ。つまり人々に有害なガスが地球を蔽い、さらに地球の温度が上昇する。こうして〝地球の温暖化現象〟が年々ひどくなる。そして氷がとけ海面が上昇し、人間自身の住む土地が狭められ、やがて多数の人間が地球から追い立てられてしまうのである。

小さな善いこと

これは人間が他の植物や動物を追い立て殺害した、その業《ごう》（多くの行い）の報いである。悪いことをすれば悪い報いを受け、〝地獄におちる〟という「心の法則」が、そっくり地球世界に大規模に実現しだしたということだ。これは人が自然を破壊したからである。自然と共生することをおろそかにした。自分の欲望や、快楽を第一にして、海をよごし、山を削り、いたる所にゴミを放り出し、植物を乱伐し、動物を殺しまわった結果、起ってきた「地獄」なのである。

だからこんな世界が出て来ないように、できるだけ「愛」の心を起し、「自然」を大切にし、生かし合い与え合うことを心掛けて行かなくてはならない。例えば、一人ひとりがムダ遣いをしないことだ。一本の鉛筆でも、小さくなるまで使う。紙やビニール袋でも、むやみに捨てないことだ。空カンでも、道ばたに捨てたりしない。

「誰かが何とか片付けるだろう」

と思って、ビンでもカンでも投げ捨てないようにしよう。これらを燃やすにはとても沢山のエネルギーがいり、有害ガスが発生する。食べカスを沢山残さないことも大切だ。自動車も、フィルムも、ノートも電池もできるだけ大切に使おう。新製品ができたからといって、すぐ昔のものを捨てるよりは、できるだけ修繕して使うと、とても資源や地球が助かるのである。

どちらを選ぶか

たとえば平成十三年の『生長の家白鳩会』誌*九月号に、谷口純子さん*がこんな話を書いておられた。「壊れたオーブン・トースター」という題のエッセイ*で、その古いトースターを修理しようと思って見積ってもらうと、三千五百円かかるといわれた。ところが新品が二千五百円で買える。どうしようかと思ってご主人（雅宣さん）*に相談すると、「あなたのいいように」という返事だ。そこで「千円余分に出しても修理しよう」と思ったというのである。

これは私もよい判断だと思う（例えば78年製のソニーＦＸ－４０２Ａを修理して使用中、β型のビデオも）。しかしある誌友さんから、「私だったら新品を買う」というメールが届いた。その千円を「白鳩会*の運動に使う」という、これも結構なお考えだ。〝情報開示〟の世の中だから、とても面白い。人々の考えがそれぞれちがうのも「自然」である。皆が全て同じ考えだったら、多彩な「神の国」が表現されないからだ。「大自然」は一つに固定された世界ではない。だから宗教では「一即多」とか「無一物中無尽蔵」とかいうのである。

ところで三千五百円の話にもどると、これだけ出しても修理して使うと、もとの機械をまだだいぶ使うことができる。もし修理しないで捨ててしまうと、それを作り上げている物質の資源がムダになるだろう。その値打ちは、千円どころではないから、地球全体の資源の節約になる。資源の節約は、地球の環境を守ることにもなる。そしてそれは「自然との共存」となり、他の生物とともに永く生きることにつながるのである。

しかし他方「新品」を使い、さらによい製品を作り出すという〝研究開発〟も必要だ。皆が皆、修理ばかりしていて、ちっとも新製品が製造されなくなったら、これもやはり「オーブン・トースター作りはこれまで」となったりする。これも困るのだ。だから雅宣さんは「お好きなように」と言われたのかも知れない。全ての人々に、「自由」が開放されている。その自由は「勝手気まま」をすることではなく、「神の国」にある「本当の自由」を自覚し実行することだ。そのためには、常に全世界、全宇宙、そして「大自然」の「実相」を心に観つめる練習が必要である。この練習をやる人々がふえて来ることが、とても大切だということになるのである。

しかしこの「実相」がわからない無神論者や唯物論者が多いと、争いや戦争が起り、人と人とが殺し合い、しかも「絶対に敵に降参するな」とか「敗戦をみとめない」となって、戦争の被害が大きくなるばかりだ。ところがもともと人間はお互いに「敵」と「味方」に区別されているわけではない。それが分かると和解して、次には「助け合い」が始まるのである。

だからどんな戦争でも、今までみな〝終戦〟ということになり、今の日本と米国のように「同盟関係」となることもできたのである。平成十三年七月二十八日の『産経新聞』には、東京都板橋区に住む岩瀬重信さん（67）の、こんな投書がのっていた。

『戦争に負け、街には米軍のジープが走り、進駐軍があふれていた。私は中学一年生、昭和二十一年のことである。

私の生まれは東海道線のある駅の近くで、米軍の特別列車の停車駅となっていた。列車が到着すると子供も大人もその列車に群がり、ガムやチョコレート、たばこを地面に投げてくれるのをわれ先に拾うのである。

父は「地面に投げつけた物は絶対に拾ったりしてはいけない」と言い聞かせていた。私はこれを守り遠くからただ見ていた。ある日、中年の米軍将校が手招きして英字新聞に包んだ物をくれるという。私は体が硬直しながらも、「ありがとう。サンキュー」と小さい声でお礼を言った。

家に帰り父に事情を説明した。「手渡してくれたのか」と確認された。

中身は真っ白い食パン二枚とチョコレートであった。あの真っ白いパンの味は、今でも忘れられないのである。なぜあんなにも白いのか、いまの例でいえば高級食パンのパンドミに似ていた。

父は戦争に負けてもプライドをもっていろ、と教えたかったのであろうか。「ありがとう。サンキューベリーマッチ」と将校さんにお礼を言ったかと聞かれ、私は「大きな声で言ったよ」と答えた。』

勝った者も負けた者も、人間は皆尊い「神の子」であり平等なのである。だから礼儀を重んじ、傲慢になったり、卑屈になってはいけない。そして大きな声で「ありがとう」と言える人々となることだ。「ありがとう」と言われる人と国となることが、今とても大切なのである。


*『生長の家白鳩会』誌＝生長の家の会員で、女性を対象とした機関誌。

*谷口純子さん＝生長の家白鳩会副総裁。

*「壊れたオーブン・トースター」という題のエッセイ＝同エッセイは、『花の旅立ち』(谷口純子著、日本教文社刊)に収録されている。

*雅宣さん＝谷口雅宣生長の家副総裁。

*白鳩会＝生長の家の女性のための組織。全国津々浦々で集会が持たれている。

4　愛のひろがり

愛は育っていく

人がこの世に生まれた時は、まず息をすることに全力をつくす。そしてやっと〝うぶ声〟を上げて、空気を吸いはじめる。お母さんの体内では、お母さんからの血液で生きてこれたが、これからは自分で息をして、空気中の酸素を吸わなければならない。

その次にはお母さんのお乳を吸って、栄養分をとる。そうでないと、代用のお乳をこしらえてもらうか、別の人のお母さんにお乳をもらうだろう。この人を「乳母《うば》」と呼んだが、今はほとんど代用のミルクをもらう人が多いようだ。

しかしお母さんやお父さんの声は、お母さんのおなかの中でも聞えてきたから、生まれた赤ちゃんはおぼえていて、お母さんの声の方にふり向くことが多い。言葉でも母国語は、おなかの中から聞いているので、おぼえやすく、音楽をよく聞いていた子は、音楽好きになるものである。

そのほか育てて下さる人々のあたたかい言葉や感触によって、次第に自分以外の人々の愛を感じ、愛の範囲が「自己愛」からさらにひろがって、両親や家族を愛し、やがて他人の愛を感じ「他己愛」をのばすのである。

しかもその後も愛の範囲はますます拡がっていき、友達や生まれた故郷や国を愛するようになっていく。だから世界中どこの国の人でも、自分の国を愛しているから、固い言葉でいうと「祖国愛がある」ということになる。そしてオリンピックなどでは、自分の国の選手が勝つと、とても嬉しがるし、自分の国の応援のために、はるばる外国へも出かけて行く人たちが沢山でてくるのだ。

シドニーのオリンピックでも、マラソンで金メダルをもらった高橋尚子さんなどは、たちまち有名になってしまった。百キロ超級の柔道でおしくも銀メダルになった篠原信一選手の決勝戦などでは、審判の判定が間違っていたといって、大いに抗議した日本人もいたが、これも「祖国愛」のあらわれであろう。しかしそのため地許の主審だったクレイグ・モナガン氏を、Eメールなどで攻撃し、「殺してやりたい」などと書いた人もいて、そのため彼ら夫妻は一時国外に〝旅行に出た〟という話だ。しかしこれはちょっと行きすぎた話である。本当の愛が殺人につながったり、脅迫《きょうはく》のもとになるはずがないからである。

罪人の愛

けれども世の中では、愛するあまりにその人を殺したとか、オドシタという例は沢山ある。これはその愛が本物でなかったからであって、「本当の愛」が悪いのではない。なぜなら「本当の愛」は「神の愛」「仏の慈悲」であり、そうした本物は、すでに人間にはちゃんと備わっているからである。けれども肉体人間としては、その愛が充分現されていないことが多い。つまり本物が「包みかくされている」のであって、このような現象の人を「罪《つみ》人《びと》」（包みびと）というのである。

だからある宗教では一般の人を「罪人」といったり、「罪悪甚重《じんじゅう》の凡夫《ぼんぷ》」といったりする。しかし本当の人間は「仏」であり「神の子」であるから、人が死ぬと仏として拝んだり、神社をたててお祭りしたりする。ことに国家のお役に立った人を「神社」にお祭りすることは、わが国で多く見うけられた所である。

そこで私たちは「愛」をニセモノの愛から、本物の愛にまで浄化する必要がある。これは人生最大の課題だといってもよいだろう。なぜなら、そうしないといつまでたっても殺人や憎み合いがなくならないからだ。今まで世の中で沢山の戦争が起ったのも、祖国愛が本物でなかったからである。今のままの包まれた愛では、いくら平和条約ができても、それが長続きしないものだ。

しかし人は本物の愛を、すでにみな持っている。それ故《ゆえ》「神の子・人間」というのである。特別の人だけが神の子で、外《ほか》の人は罪の子だなどということはありえない。神様は人にそんな差別を付けられるはずがないからだ。神の愛は全てに行きわたり、全宇宙にみちあふれている。そのことを知り、自分の心の愛もそれだと自覚し、その本物の愛を現し出す訓練をすればよいのである。

これをやるためには、結局「執着《しゅうじゃく》を去る」ということがとても大切だ。お釈迦さまもそのことを主に教えられた。「花ビラがハラハラと散るように、執着を去れよ」と説かれたと、法句経《ほっくぎょう》に記されている。祖国愛でも、執着していて、自国のこと、自国の繁栄、自国の領土拡大や勢力拡大、利益追求ばかりを考えていると、オドシも起るし、戦争も起るだろう。核兵器やミサイルやロケットで他国をオドスということもやる国がでてくるし、スパイ戦争も益々盛大となり、ついにはスパイ・オリンピックまで行われると、大変なことになるに違いない。

人が物や地位に執着しだすと、自分のことや自国のことばかりにしか考えが及ばなくなる。執着とは相手にネバリツクことだから、心の自由自在が失われ、人間の持っている正しい愛や智慧《ちえ》が包まれてしまう。ちょうど自動車のオイルが固まって、うまくパイプの中を流れず、やがてブレーキがきかなくなり、衝突したり、崖《がけ》から転落したりするようなものである。

自然流通

かつての世界大戦でも、そんな執着的愛国心のカタマリがもとになって起ったということが、すでに明らかになっている。今のイスラエルとパレスチナの戦いでも、「聖地」と称するものの奪い合いが主な原因だ。これは『理想世界』*平成十三年二月号にも取り上げてあるから、参考にしてもらいたい。物や土地に引っかかると、その奪い合いが始まる。しかし「その土地」は、神様のものではなく、肉体人間の感覚しているところの「仮相《かそう》」なのだ。つまり写真や絵のようなものだ。さらに又国と国との条約でも国土でも領海でも同じようなことが言える。

さらにまた現代はどんどん国際化が進み、外国との自由貿易も盛んになった。このような時は、自国の利益ばかりを考えて、その点にネバリ着くと、かえって祖国を傷つけたり、不自由にしたりする。これは『自然流通《じねんるつう》の神示*』（『新編聖光録*』五三頁）にあるように、

『（前略）自給自足などとは自他に捉《とら》われた狭い考えである。自他は一つである。「生長の家」は自給他足、他給自足、循環してとどまらず、大実在の無限流通の有様を見て、その有様の如《ごと》く現実世界を生きるのが現実界の「生長の家」である（後略）』のだ。

そこでコメでも、日本産のコメでないといけないと言ったり、日本米は外国へ輸出しないときめたりするのは、かえって日本の米作農家を苦しめる結果になってしまう。余計なコメを作らせないように〝減反《げんたん》〟などをさせて、コメのねだんを吊《つ》り上げようとするからである。本当の世界は、

「よいものは、どこへでも流通させる」

それが神意だからである。よい自動車や文化は、どこへでも輸出するし、良い芸術は外国のものでも自国のものでも尊重するのが本当だろう。そうしたとき、祖国の文化も、伝統も、学問も、産業も、その適したものがどんどん発達してくるのである。

それでは祖国とか母国などはなくなって、「世界国家」ができたら、それでよいのかという人もでてくるかも知れない。だが現実界という現象界には、それは出てこない。何故《なぜ》なら、「神の国」は「一」であり、かつそこには「多」がふくまれているからである。ちょうど一人の人間の肉体でも、体内の細胞はみな同じような細胞がノッペリと並んでいるのではなく、頭や胃や腸や心臓や手足が、それぞれの細胞組織となり、その中を血管や神経が流通しているようなものだからだ。

その血管の血液が自然流通して、それぞれの細胞（国にあたる）を立派に養っているようなものである。そこには「多」が集まり合い、それが「一」としてまとまっている姿がある。「自他一如《いちによ》」が実在界（神の国）のあり方だから、肉体という影にも、それがそのように出てくるのである。地球上にもそれが出てくるから、地球上にはいろいろの国が、それぞれの文化や文明をもって建設され、お互いに自給他足し、他給自足して健全な世界連邦的なものができて、夫々《それぞれ》が祖国愛をもつのがよいのである。

地球の全てのもの

その上地球上には、人類ばかりが住むのではない。鳥やけものや、植物なども多種多様なものが生存している。それらは決してノッペリとした単一ではなく、まさにさまざまである。その数がへったり、絶滅したりすることは、全ての生き物に損害を与える。人間もそれでは困ると思って、植物や動物の種類を沢山にしようと努力しているのである。

だから人間だけが栄えたらよいというわけにはいかない。他の動物や植物を大事にして、その多くのものがそれぞれ繁栄していくようにしてあげると、人間の社会も大変豊かになるのである。

そこで「祖国愛」も、その正しいあり方は動物植物を大切にして、むやみに殺さないことだ。そしてさらに又それらの恩恵に感謝する心を持ち、地球の大自然を愛するようにすることである。

特に森や林の乱伐は問題である。それをつづけていると森や林に住んでいた動物たちは、住みかがなくなって、だんだん減ってくるだろう。人家や畑に出て来て、人の作物を荒らしたりするようにもなる。前から述べているように、これは自然の植物を人工的に減らしたからだ。植物や森や林の緑が減ると、それらが作り出す酸素が減って来て、動物の呼気や石油や石炭や材木のもえて出る炭酸ガスがふえてくる。有名な物理学者ホーキング博士もこんな警告を発したと、平成十二年十月二日の『産経新聞』に書いてあった。

『【ロンドン1日DPA＝時事】1日付の英日曜紙サンデー・タイムズによると、車いすの英物理学者、スティーブン・ホーキング博士は自著の中で、人類は今後1000年以内に災害か地球温暖化のため滅亡すると警告、唯一の助かる道は、人類がどこか別の惑星に移住することだと訴えた。

同博士はこの中で、「温室効果ガスの影響を危ぐしている」とした上で、「地球は気温がどんどん上昇し、煮えたぎった硫酸に満ちた金星のようになってしまうのではないか」と予測している。

同博士は人口過剰問題についても、他の惑星に移住しない限り、人類は絶滅の危機にさらされていると述べている。』

滅びない「祖国」

もう一千年もたつというころには、今の人類はこの地上には住んでいない。何しろ千年も生きた肉体人間はいないし、「鶴は千年、亀は万年」というが、これは事実ではないからである。しかし肉体人間は死んでも、「本当の人間」即ち「神の子・人間」なる魂は永久に死なないのである。そうでないと、「灰になるためにだけ生きる」のでは、この人生は全く意味がないからだ。

神様は、人間が灰になったり、地球が生物の住まない〝煮えたぎった星〟になるように造られたのではない。だからこの物質の地球は、「神の国」とはちがう〝仮の現象〟である。そして現象界は、私達人間が「そのように感覚してそう表現している世界」である。

鳥は鳥、蚊は蚊、メダカはメダカで、みなそれぞれの仮相（かりの）世界を作って、その中で生きている。しかしこの現象界に表現されているすばらしい緑の地球が、なくなったり地獄のような熱い星になるのでは、淋しくて悲しい限りだ。私たちの祖国の姿が消えたり、亡んだりするのを見るのは悲しくてたまらないだろう。

だから私たちは、何とかして緑の地球を末永く保存し、さらに美しい「神の国」の姿を、できるだけここに表現し、「祖国」を立派にして、永続させ、地上の楽園のようにしたいと思うのである。そのためには、祖国の安全や繁栄ばかりではなく、他の国ぐにに、さらに地球上の全ての生物や、さらには空気や水をも大切にし、私達の愛を、本物の愛、神の愛、仏の慈悲に近づけるよう、いつも努力し、「神の子・人間・永遠生き通し」の真実を、できるだけ多くの人びとに伝える〝愛行活動〟を続けたいと思うのである。

＊『理想世界』＝生長の家の青年向けの月刊誌。
＊『自然流通の神示』＝生長の家創始者・谷口雅春大聖師が昭和八年に霊感を得て書かれた言葉で、この神示の全文は『新編 聖光録』又は『御守護 神示集』に収録されている。（日本教文社刊）
＊『新編 聖光録』＝全神示を冒頭に、神想観や浄心行、誦行などの行法の全てを網羅。信徒の心得べき要目一切を手軽な文庫判におさめた生長の家信徒必携の書。（谷口清超監修、生長の家本部編、日本教文社刊）

二、善行と楽しい訓練

1　たのしい訓練

ものを作るたのしさ

人は皆神の子であって、本当はすばらしい力を持っている。その力は今もう全部現れているというわけではなく、内にかくれていて、まだ充分出ていない。だから誰でも、それを出したいのであり、力強く、何でもよく出来る人になりたいと思うのだ。

例えば誰かが上手に踊ったり、歌ったり、すばらしいスポーツをやってのけたら、「うらやましい」と思うだろう。それは自分でも「やりたい」と思うからで、自分にかくれた無限力がある証拠なのだ。そこで、その力を出す訓練をやる。だから訓練は「たのしい」のであって、〝苦しい〟とか〝しんどい〟というのは、本当ではない。

たとえば人が熱心に何かをやっていると、それを見て「さぞ苦しいでしょう」と言うだろうか。

「お気の毒ですね。さぞおつらいでしょう」

「そんなことはありません。私は面白いからやっているんです」

とその人は言うだろう。見ると彼は木をけずって、何かを作っている――それには訓練がいるのであって、急に作ろうとしても、作れるものではない。有名な工学博士の糸川英夫さん（平成十一年、八十六歳で死去）は、そのような無限力を、とても沢山《たくさん》引っぱり出した人だ。もともと戦闘機を作った人だが、ヴァイオリンも作った。平成四年の三月七日の『読売新聞』には、こんな記事がのっていた――

『中学時代、リンドバーグの大西洋横断飛行に触発され、「ヒコーキ屋」を志した。東京帝大卒業後、中島飛行機で、隼（はやぶさ）、鍾馗（しょうき）などの戦闘機を設計。続いて、東大航空工学科助教授として、赤外線誘導ミサイルの研究に打ち込む。

敗戦で、すっかり人生の目標を失う。死のうと思い、青酸カリを持ち歩いた。

そんな折、糸川さんのチェロの趣味を知る大学院生が「安くて、いい音の出るバイオリンを作れませんか」と訪ねてきた。「面白そうだ」と心が動いた。工学部に音響学の講座を開いた。楽譜分析すると、よく使う二つの音域の音が、どのバイオリンで演奏しても小さく、瘦（や）せる。問題音域を力強く奏でるバイオリン作りを目指した。』

戦後糸川さんは日本のロケット製作をやり出し、「ロケット博士」とも言われたが、色んなことをやり、能力を発揮した。しかも年齢なんか超越して〝やり通す〟ところがすばらしいのである。続いて同紙にはこう書いてある——

『六十二歳から始めたクラシックバレエは、たんす下段の引き出しを出し、新聞紙を毎日一枚ずつ重ねて足を乗せる訓練で、一年後に足が頭の上に届いた。緻密（ちみつ）な努力にも独創性が光る。

転身の中で、「科学的なバイオリンを作りたい」との情熱は燃やし続けた。設計、素材の実験を重ね、板を削り、張り合わせ、塗料を塗った。問題の音は中に木片を入れることで解決した。完成をみたのは昨年秋のことだ。航空工学と音響学を統合した作品は、名付けてヒデオ・イトカワ号。

今年七月、八十歳の誕生記念コンサートを開く。主役はヒデオ・イトカワ号。プロのバイオリニスト中沢きみ子さんがひく。本人も、カザルス編曲「鳥の歌」をチェロで奏でる。』

糸川氏の書物によると、バレエも本格的にするし、チェロの練習も、新幹線に乗っても指の練習を〝指台〟を作ってやったということだ。このようにして内にかくれている能力を引き出す訓練は、とてもたのしいのである。たのしくなければ誰もやりはしないだろう。
それをとかく「苦しい」と思って、やりたがらない。失敗すると「もうだめだ」と見かぎってしまうが、それは「練習に失敗はつきもの」と知らないからである。この人生では、失敗をおそれず、人の陰口や、噂《うわさ》や、ていさいなんか気にしてはだめだ。「前例がない」などと言い出すから、進歩向上のたのしさが消え去るのである。

茨城県に竹之内八穂子さん（昭和四十四年九月生れ）という大学院生（当時）が住んでいるが、昭和五十九年、彼女が中学三年生の時、生長の家を知った。ある日、学校の靴箱の中に『理想世界ジュニア版』*が入っていた。彼女は母の影響で小さい時からキリスト教に入っていたから、「神の子」はイエス・キリストだけだと思っていた。

ところがそのジュニア版を読んでみると、「人間は神の子である」と書いてあったから、反発を感じた。「人間は罪人だ」とキリスト教会ではよく教えられるからであろう。そこでこのジュニア版を、隣の靴箱の中に入れて、知らん顔をしていた。ゴミ箱の中に入れなかったのが、彼女のよいところで、あとになってその善い報いが出てくる。

神の子と罪の子

その後弟さんが病気になったのがきっかけで、八穂子さんは、近所の人から生長の家をすすめられ、それからは本を読むようになった。やはり靴箱のキキメがあったのだが、それも靴箱の中のジュニア版をちょっと読んだのが、彼女の心の奥底にあったことも、種子《たね》になったのであろう。何ごとでも、すぐ出て来なくても、繰り返していると、出てくるものだ。

こうして少しずつ読んだり、聞いたりしているうちに、いつしか「神の子・人間」を素直にうけいれ、毎日の勉強や訓練がたのしくなった。どんなにつらいことがあっても、「私は神の子だ」と自分に言いきかせると、困難を乗り切って行く力がわくのだった。それは「神の子」には無限の力があると分るが、単なる罪人や「いと小さきもの」では、何もないような気がする。神様に祈って、助けていただく……のでも、何となくたよりない。「本当の神様なら、全ての人を、すでに救っていて下さるはずだ。祈って、はじめて救うのでは、ちょっとおそすぎるのではありませんか」

ということにもなるだろう。ことに若いうちに「神の子・無限力」を知り、それを信ずるようになると、この人生では実に色々のことがやれるし、メキメキと能力が出て来るし、やりたいことが一杯あることも分るのだ。前にのべた糸川氏も、一日二十四時間が、もう十二時間あると「チェロの練習がもっとゆっくり出来るんだが」と言っておられたそうだ。

ところで八穂子さんは、高校二年生の時から社交ダンスを習いはじめた。この種のダンスは、男性と女性とが一組になって踊る。男性の方がリーダー、女性の方はパートナーと呼ばれる。西欧で発達したダンスだが、やはり陰と陽との関係で、そうなるのである。

はじめ八穂子さんは、両親や弟さんと一緒に〝たのしみ〟でやっていた。お父さんは自衛官だから、日本の自衛隊も、なかなかモダンになったことをあらわしている。八穂子さんは練習をつむと次第に上達して、やがて色々な競技会に出るようになった。こうなると、さらに練習して、訓練を重ねることになる。

一九九〇年二月二十五日、八穂子さん達は東京の武道館で行われたスーパー・ジャパン・カップという大会に出場した。アマチュアの一級から三級が出場するスポーツ・ダンスという種類のもので、全国から約百七十組がエントリー（出場）した。

ダンス大会

八穂子さんとそのリーダーのUさんは、まだ組んでから半年ぐらいで、級も下の方だった。だから一回戦でも通過できたらいいですねと話し合っていた。やがて一次予選が始まり、美しい衣裳を着たカップルが次々にフロアに出るのを見ると、皆自分より上手に見えて、ドキドキした。

その時、八穂子さんは、「吾が業《わざ》は吾が為《な》すにあらず、天地《あめつち》を貫《つらぬ》きて生《い》くる祖神《みおや》の権能《ちから》」という招神歌《しょうしんか》＊を思い出し、

「わが魂の底の底なる神よ、無限の力湧き出《い》でよ」

と祈り、さらに、

「Uさんの魂の底の底なる神よ、無限の力湧き出でよ」

と、何度も祈った。すると次第に気持が落ちついた。フト上を見上げると、武道館の天井に日の丸の国旗が飾られていた。それを見ると、彼女は、日本に生れることができて、本当に有難いと感じた。そして中心者でいらっしゃる天皇陛下や御先祖様のことを思った。

すると彼女は、自分を育てて下さった父母や、温かくやさしかった祖父母のことが思い出されたので、「有難うございます」と祈った。さらにUさんやその家族の人々、さらに指導して下さった方々、さらにはこの大会を企画して下さった役員や審査員や応援して下さる方々、さらに彼女の衣裳や靴を作って下さった方々まで皆に感謝して祈ったというから

大したものである。

これは急にそうしようとしても、中々やれるものではない。やはり平素から神想観*や祈りの練習をしていないと、イザとなってからやろうとしても、中々できない。この人生の全てのことは、何より〝練習〟が大事であり、食事でも、急によそへ行って行儀よく食べようと思っても、いつも訓練していないと、スープを飲むのにもズルズルと音が出て、止められないだろう。

だから人生の最大事である祈り、ことに「神想観」は、毎日練習すること、そしてたのしくやることが大切だ。勉強でも、たのしく、うれしくやることが、上達の秘訣だ。音楽でも、ダンスでも、いや数学でも、ロケットの研究でも、何でもそうだ。いやいや、しぶしぶやったものには、その心が移行していて、見ていても重苦しい感じがする。だから形はよく出来ているようでも、一番大切な心が響いてこないことになる。

訓練と祈り

さてこうして遂《つい》に八穂子さんは、すばらしい神の子が踊るんだ、ちっぽけな私が踊るんじゃない、神のいのちの表現だ――という気持で一杯になった。こうなると、どんな大会だって、おそろしくなくなってしまう。全てのものが、全部味方になるからだ。競争相手も、みな味方になる。だからどんなにうまいダンサーがいても、たのしくなってきて、美しいなとさんたん出来るようになる。

だから、どんな訓練でも、ただその技《わざ》をみがき、訓練するだけでは足りないのであって、そこに神に対する正しい祈りの実践があることが大切だ。すると何をやっても、必ず上達するし、その訓練や練習の繰り返しが、苦しみではなく、たのしみになるのである。

やがて、八穂子さんのカップルの順番が来た。そこでフロアに立ち、ルンバとチャチャチャを踊った。一回戦が終り、その回をパスした選手の背番号が発表された。沢山の数字の中に、四十八という文字が見えたが、その番号は彼女らのものだった。

「もう一度踊れる！」

と思うと、嬉しくてたまらず、手をとり合って喜んだ。次の二次予選も、力一杯おどれた。皆と和解しているから、おそろしくなく、自分の力を縛《しば》るものが何もない。感謝しながら踊ったから、たのしく踊れた。

そのうち、三次予選を通過し、四次予選も通過して、準決勝も通過してしまった。そしてとうとう決勝戦に出ることが出来た。決勝に出るとき、Uさんが手をとって「行きましょう」と言ったので「ハイ」と言って、フロアに出た。音楽に合わせて、無心に踊った。その結果、三位に入賞できたのであった。

八穂子さんはこの大会により、神様に全托して、一切のものと和解した心になってやると、大きな力が出てくることがハッキリと分った。勿論《もちろん》、現象的には「無限力」といっても、まだまだ全部が出ているわけではない。ただそれまでに練習し、訓練して出して来た力が、正しい祈りの心境と、全托の心境で、スルスルとたのしく出てくるのである。

それを人々はとかく、優勝にこだわったり、メダルをどうしてもとらないと、誰それに申し訳ないなどと余分なことを考え、かえって堅くなり、自己限定をして、実力が出せないで終る。オリンピックなどでも、よくそんな人たちが、いつもしないミスをしてしまうという例が起るのは、祈りが足らず、神想観をやっていない人が多いからであろう。

これは何の仕事でも、又入試でも、作品の制作や発表についても言えることだ。心配はいらない、失敗もおそれる必要はない。たのしく生々《いきいき》とやれ。もしどうしてもふるえるなら、そのふるえをたのしくふるえると、なかなか「味のあるふるえ方」ができるに違いないのである。

＊『理想世界ジュニア版』＝生長の家の中・高生向けの月刊誌。
＊招神歌＝神想観や聖経読誦等の時に、唱える歌。
＊神想観＝生長の家独得の座禅的瞑想法。詳しくは、谷口清超著『神想観はすばらしい』参照。（日本教文社刊）

2　父母はありがたい

チョコレートの話

いつかどこかで聞いた話だが、ある女の子が友達から頼まれて、男子生徒の一人にチョコレートを贈ることにした。けれどもその男子生徒は、彼女のお目当ての生徒ではなく、どうでもよかったが、とにかくハート形のチョコレートを買って用意した。それが何かの拍子にヒビ割れた。

けれども、そのヒビの入ったチョコレートを彼にあげたら、とび上がって喜んでもらってくれた……そんな話で、別にその後どうという発展もなかったようだ。そんな感謝の心は、誰にでもあるだろう。

チョコレートにヒビが入ったのは、彼女の心が彼に集中していなかったことを表している。人の心は、プレゼントにも自然に現れてくるものだから。

ところがチョコレートよりも、もっと大切なものを贈られたらどうだろう。高価なものというとジュニアでは無理だろうから、大人からもらったとしよう。父母からあなたの誕生日に「とてもすばらしいプレゼント」をもらった。

その最高のプレゼントは、あなたの「肉体」そのものである。しかもまさに誕生日のプレゼント！　もっともチョコレートでも何でも、プレゼントは誕生日や祝日の以前から準備されているが、あなたの「肉体」も、何ヵ月も前から準備されて、大きく育てられ、大切に保護されて来た「貴重品」であり、世界中でたった一つだけの万能ロボットであり、さらに車のような、工作機械でもあるのだ。それはどんな大金を積んでも、絶対に買うことの出来ない「超重要文化財」である。

それを今あなたの魂は、自由にあやつって毎日を過ごし、安らかに眠り、育てられ保護され、さらに色いろと教えられているのだから、感謝感激するのが当り前で、反抗したり、無言戦術で父母を困らせたりするのは、〝異状事態〟だと言えるのである。このような不可思議な現象は、割れたチョコレートをもらって、喜んでハネ回る生徒の心情にくらべると、全く考える余地のない〝奇蹟《きせき》的現象〟という外《ほか》はないのである。

声とお乳

さて人がこの世に誕生する時、先ず最初に教えられるのは「呼吸をする」方法だ。おかあさんの胎内では、空気を吸わなくても、胎盤でおかあさんの血液から養分をもらって生きていける。しかし胎外では息をしなくては生きられない。空気を吸うと声が出る。その声はソプラノでもなくテノールでもないが、父母はそれを聞いて、涙を流して喜んでくれる。世界中どこを探しても、あの変な産声《うぶごえ》を聞いて泣いてくれる人は、父母以外には見当らないだろう。もしいるとすると、じいさんかばあさんか……

このごろは病院で生まれる赤ちゃんが増えてきたが、昔はみな自宅で生んでもらったものだ。私も家内が子供を生んだ時、夜半《やはん》だったが助産婦さんを自転車にのせて、自宅までこいで帰ったものだ。ところが途中でお巡りさんに見とがめられ、

「二人乗りはいけない」

と言われたが、

「赤ん坊が生まれる……」

というと、気持よくゆるしてくれた。これは父母ばかりではなく、他の人もみな「子供

の誕生を喜んでくれる」ことを表しているからである。さらにもっと昔の人は、家の鴨居《かもい》から帯や綱を吊《つる》して、それにぶら下がって産んだ。もっと昔は、畑に穴を掘って、その中に産んだりした。

さて生まれるまで母の胎内で育つ赤ちゃんは、胎内にいても外の物音が聞えるようになる。一番最初は、母の心臓の音が聞える。それから母の声が聞える。何かしゃべっていると、その母国語の調子が何となく聞えてくる。むつかしいコトバも聞える。だから赤ちゃんは母の声の調子を憶えているから、生れ立ての赤ちゃんでも、母親の声を聞くと、そっちの方を向いたりするのだ。

父の声も、母とよく話し合っている人だと、聞えてくる。ことに父が、母のふくらんだお腹に口を近づけて、

「いい子だね、元気で生まれるのを、オレは待ってるよ」

などと声をかけてると、父の愛を感じて、その声も憶えてくれて、いい子に育つのだ。一回、二回ではダメかもしれないが、とにかく父や母が「待っていてくれる」と分かると、子供は喜んで、生まれてからも丈夫に育つのである。

ことに母親の出してくれるお乳（母乳）がとてもありがたくてためになる。さらに初乳《しよにゆう》

といって、生まれて初めて出る母乳には、母親がそれまで体内でたくわえていた「免疫力」をタップリ付け加えた母乳を出してくれるから、その赤ちゃんはバイキンなどに強い抵抗力を持つ「免疫」がつくのである。

ところがもし母親がお乳を出してくれなかったりして、人工ミルクなどの代用品をのまされると、そんな免疫力はついて来ないから、ちょっとしたことでも病気になるような弱い体質に育つことが多い。だから「初乳」はありがたい。これはどんなスーパーマーケットでも、立派な食品店でも、売ってくれないとても大切な「貴重品」である。

コトバを習う

赤ちゃんが母国語をいち早く憶えるのも、胎内から父母のやさしい声を聞いて育ったからである。赤ちゃんにとって父母はお互いに難しい言葉で話し合っているようだが、何となく感じで簡単なコトバの意味も分かってくる。こうして子供は母国語の勉強をスムーズにはじめる。その勉強は、やさしい言葉ばかりではなく、難しい言葉の中に、何となく分かるようなコトバがまじって聞えるから、早く分かる。こうして、二、三歳にもなると、母国語がうまくしゃべれるようになるのである。

ところがその後外国語を、いくら学校で習っても、中々うまく話せないのは、生まれた時から聞いて来なかったからだ。しかも学校で外国語を習う時は、やさしいコトバばかりから始めるだろう。だが本当は難しい大人のコトバを小さい時からそのまま丸ごと聞いて、次第に憶えたり話したりするようになるのが、勉強のコツである。

つまり勉強には「易《やさ》しいこと」ばかりではなく、「難しいこと」もまじった勉強が必要なので、文章を読む時でも、やさしい文章ばかりではなく、難しい文章も、しばらくガマンして読む必要がある。分からない所があっても、じっと辛抱して聞く（読む）という練習が必要だ。何の勉強でも同じことが言えるので、父母は赤ちゃんに、こうした勉強のヒケツをいつの間にか教えてくれている。ついでに難しい方言まで教えてくれたり、調子外れの子守り歌まで教えてくれるかも知れないが……

さらに父母が日ごろよく笑ったり、お互いに気持のよい挨拶をしたりしていると、それを赤ちゃんは勉強して、明るくニコニコとした、丈夫な子供に育つのだ。こうしてアイサツもまた、父母から教えられ、とても善い子が育つのである。例えば平成十三年二月十一日の『読売新聞』には、こんな投書がのっていた。

主婦　立山トミ子　73
（北九州市）

『横断歩道で待っていた時のことである。折《おり》しも、下校途中の小学生の女の子が横に立った。私が目をやると、にっこりほほ笑《え》んで、「こんにちは」と頭を下げながら、あいさつしてくれた。今時、見知らぬ人から言葉をいただくなど、思いもよらぬこと。

「お嬢ちゃんは、ごあいさつが出来てお利口《りこう》さんね。何年生ですか」「五年生です」。気持ちの良い会話を交《か》わした。「本当に感心ね」と重ねてほめると、「ありがとうございます」と礼を言われた。

小学生の時から、礼儀作法の基本をしつけておられる両親は、どのようなお方であろうか。

温かい家庭の雰囲気を想像しながら、この小学生の後ろ姿を見送った。』

このような小学生は、きっと明るくてあいさつをよくされる父母に育てられたに違いない。子供はみな、小さいころの教育ぐらい心に染み通るものはない。冷たい父母からは、明るい感謝のアイサツなどは出て来ないものである。逆に、とんでもなく喧嘩ごしの言葉などを聞かされていると、そのコトバ通りの人生が現れてくる。

平成十二年十二月十四日の『産経新聞』には、こんな投書が見つかった。

高校生　粕谷友洋　17
（東京都東久留米市）

『

最近、短期間の間に驚くべきことを、体験したり聞いたりしました。

小学一年生くらいの男の子に「危ないよ」と注意をしたら、「うるせえよ」と言い返されました。こんな小さな子がこんな風に言うのかと驚きました。

親や知人からも同じような子供の話を聞きました。共通していえることは、注意されても話を無視したり、どなり返したり、謝《あやま》ることもせず、反省の態度もみせないのです。

多分、自分のしたことに気づかずにいるのだと思います。小さいからといって、笑ってすませる問題ではない気がします。一部の子供だと思いますが、こんなに狭い地域で何人もの子供の話を聞いたのは偶然だとは思えません。

常識・礼儀がわからない子供に泣きたくなるほど悲しくさせられます。小さな子供だけでなく、ぼくと同年代の人にも言えることです。善悪を正しく判断できる心が必要だと思います。

でも、だれに教わり、どのようにしていけばいいのでしょうか。』

善と悪や正しいアイサツなどは、みな父母が教えて下さる。父からドロボーしろと教えられたり、「うるせえ」などと言えと教えられることはない。母からも同じことだ。父も母もすべて親というものは、自分でできなかったことまでも、子供にはしてもらいたいと思っているのだ。それは、

「自分よりもえらくなってくれ」

と望んでいるからである。えらくなるというのは、何も地位や名誉が高くなれということではない。本当は「善い人」になってくれ、という思いであり、「人や社会に役立つ人」であってほしいということだ。

それは決してむりな願望ではない。「善い人」とは、「深切な人」のことでもあり、何かの資格を持って、沢山の月給をもらう人ということでもない。

善い人になる

例えば平成十三年二月十一日の『読売新聞』には、こんな投書がのっていた。東京都港区に住む二十二歳の大学生山本耕嗣さんのものだが、

『昨年、友人と台湾を旅行した。何気なく立ち寄ったお茶屋の青年に旅の疲れをいやされ

た。

一見《いちげん》の客の私たちを丁寧《ていねい》にもてなしてくれた。よどみのない日本語、柔らかで温かな物《もの》腰《ごし》。お茶を頂いていた一時が至高のものに感じられた。そこを辞した後の清涼感に二人の顔は思わずほころんだ。

礼儀作法とは何か。堅苦しい古風な形式だと勘《かん》違いしてはいまいか。私はお互いを思いやる心が自然と具象化されたものだと思う。

他者に依存《いぞん》して生きていることを忘れず、感謝する人間の真摯《しんし》な心が伝わってくるからこそ、かくも幸せになれるのであろう。

それを忘れて、あたかも独《ひと》りで生きているかのような日本人のなんと多いことだろうか。』

こんな「柔らかで温かい物腰」なら、誰にでも出来るだろう。今すぐにでもできるはずだ。これが「善い人」なのであって、月給を沢山もらってくるとか、大学出であるとか、そんなこととは関係がない。いくら高等教育を受けたといっても、いばりくさって、深切な心を失っていたり、ワイロをもらって平気でいるようなエライ人は、本当の「善い人」でもなく、エライ人でもないのである。

そのような温かい言葉やあいさつや態度は、すべてコトバとも言えるが、それは皆小さい時から、お腹の中から、父母から教えられてきている。父母はお金や地位にはかえられない、大きな大きなプレゼントを私たちに下さったのである。

そのような人間の「本心」がコトバになって出てくる訓練が、この「人生学校」で教えられる第一の課目である。そしてこの訓練には時間がかかるから、まだこれからもずっと良いコトバを出す訓練を続けて行こうではないか。

コトバの訓練は、まず家庭の中から始めるのが一番やりやすい。だから、毎日朝起きたら、父母に向かって、

「お早うございます」

と言ってみるとよい。ごはんを食べる時は、

「いただきます」

と言い、ごはんが終ったら、

「ごちそうさま」

という。皆さんはこういう挨拶を多分おそらくしているだろうが、これをずっと永く続けるとよい。もししていない人は、今日からやりはじめよう。誰にでも出来ることだか

ら。そして一日に一回は、

「人のためになる、よいことをする」

とよいのである。たとえ、どんな小さなよいことでも、実行するのが「善い人」ということになる。ちゃんと挨拶ができる人も「善い人」なのであり、楽しく生きる人である。

3　家族と恋愛

種子がよく育つために

人は自分一人で生きているのではなく、多くの人々の中で生きている。ことに「家族」に取り巻かれて生きている人が大部分で、家族のない人と言えば、父母が死んだ人とか、兄弟もない人とかいった、特殊の場合に限られるであろう。それを植物で言うと、種が蒔《ま》かれた土か畑のようなもので、そこにある成分や養分、そして外からの日光や温度によって、植物は成長して行くのである。

だから家族は人間にとってとても大切であり、無くてならぬものであるから、その恩恵には心を開き感謝するということが大切である。家族に対する感謝の心があるとないとでは、人間の成長もスクスクと伸びるか、それともどこか病的になり、いびつになるかの分かれ目になると言ってもよい。
ところで私はある日、女子中学生からこんな手紙を受け取った。一見家族とは何の関係もない〝恋愛感情〟についての質問であるが……

『つい最近、私は、先生の「すばらしくなれる」*を読みました。ずっしりと重みのある本で、とてもためになりました。その中に「愛は胸の中にじっとためてあるだけではだめなのです。何か形やコトバに表すことがとても大切です」と書かれてありました。それで今悩んでいます。

私は今年受験生で、この三月から塾に入りました。その塾の国語の先生を、私は好きになったんです。でも、私が今一番にしなければならないのは勉強です。だから、一所懸命先生に対する想いをおさえているんですけどとってもつらいんです。

だって私のこの恋には美しい実りがないんですもの。どんなに想ったって、どうすることもできないでしょう。ただただつらいだけで。いっそ好きにならなきゃ良かった、「尊敬」まででとめとけば良かったと思ったこともあったけど、今となってはどうすることもできません』

手紙はまだ続いているが、この女生徒は真面目な子らしく、「この恋には美しい実りがない」ということであるから、この先生にはすでに奥さんがあり、もしかしたら子供もいる方であろうと思われる。結婚の相手としてはふさわしくない、あるいは不可能であるという自覚があるのだろう。つまり、この人とは家庭を作ることはできない、家族にはなり難いということに外ならない。

愛の生長

人は誰でも家族の中で育ち、大きくなるにつれて家族以外の人に対する愛情にも目覚めていくものだ。友達への愛、それから進んで異性に対する恋愛感情も出てくる。それは、ごく自然であるが、必ずしもふさわしい相手に対してではなく、時にはこの女生徒のように妻子があると思われる先生に恋する場合もある。では彼女にいまだかつて恋愛感情の経験がなかったのかというと、そうでもないらしい。続いて手紙にはこう書いてある。

『この国語の先生に出会うまで、私は「恋愛恐怖症」でした。人を愛するのがこわかったんです(父母に対しても、友達に対しても)。それは、以前一度、両想いだった男の子にうらぎられたことがあって、その時は、私は彼に何もしてあげられなかった、私が悪いんだ、と素直な気持ちで、相手には「ごめんなさい。思い出をありがとう」だけで、恨み事一つ言ったり思ったりしませんでした。でも、月日が過ぎるにつれて、だんだん私は変わってしまいました。尊い愛に、美しい思い出に、汚点をつけたその子が許せなくなりました（ということは、ずっと前から心の奥底では彼を恨んでいたことになります）。

愛にうらぎりというものがあるんだったら、もう誰も愛すまい、と思いました。相手を愛し、深く信頼していなかったら、うらぎられた時そんなに傷つくこともない、つらい思いをすることもない……そう悟って、今まで生きてきました。

でも、この頃すごくみじめになったんです。皆、自由に人を愛してるのに、私だけ自分のからの中に閉じこもっているようで……。友達に、私の今までの生き方を話したら「真剣に人を好きになりすぎたのよ」と言われました。でも私は不真面目に人を愛するなんてイヤです。だって、人を愛するってとても尊いことでしょう？　それをザツにあつかっていいものでしょうか？

だから私はまた自分のからの中に閉じこもった状態になりました。もう友達という相談相手もなく、両親に言ったら「受験生が何をのん気なことを言ってるの！」と言われそうで、とても言えませんでした。

とても寂しい思いをしました。

そんな私を温かく包んで下さったのが国語の先生なんです。私に、再び人を愛する喜びを与えて下さったのは先生なんです。だから、この気持を大切にしたいんです。先生が私に与えて下さった分、私も先生にお返ししたいんです。

でも、どうすればいいのか分かりません。何か形やコトバに表さなければ、私はどのようにすればいいのですか？　どうか、お答えください。よろしくおねがいします。』

迷いもありうる

彼女は愛を非常に真剣に考えている。これはすばらしいことである。けれども愛する感情だけでその愛が正しいか正しくないかを判別することは難しい。だから私は彼女にこんな返事を書いたのである。

『お手紙拝見しました。

あなたが愛について真剣に考えておられることは大変よいことです。また私の書いた「すばらしくなれる」という本も読んで下さったそうでどうも有難う。ところで愛には色々の種類があるのです。つまりよく「愛の位相」という言葉を使いますが、丁度テレビのように色々のチャンネルがあっても、そのチャンネルがお互いに衝突し合わないで、色々の放送がそれぞれ分離して聞けるというような関係にあるので、人間は沢山の愛を経験することができるのです。

もっと具体的に言うと、親子の愛とか兄弟の愛、友達への愛、そして夫婦の愛、又親戚同士の愛、それから夫婦の愛の入口になるような、男女の恋愛など、いろいろ種類があるのです。私が本の中で書いている「愛の表現」ということは、それぞれの愛の姿を形で現わしたり、言葉で現わす事が大切だ、ただ黙って心の中で思いを閉じ込めているだけではダメだということでして、夫婦の愛にはそれなりの愛情の表現の仕方がありますが、それを親子の間で表現すると間違った表現になってしまいます。親子は夫婦ではありませんから、お父さんが子供に恋愛するということはないし、子供が父母のどちらかに、恋愛感情を持つということはないのです。もしあるとすると、それは迷った心の状態ということになり、誰かに対する恋愛を、家族の人の中に移入して感じているというだけなのでありまます。

だからそういう時、〝間違った愛情の表現〟をしてはならないので、これは理性でもって判断すれば分ることです。それを何もかも、自分の心に感ずるまま、理性を働かせないで、衝動的に表現したのでは、大変困ったことになります。例えていうと、ある男性が奥さんがあるのに別の女性に、夫婦の愛情の様な愛情を表現し、いたるところで夫婦愛の表現をしておれば、その男性は気が狂ったか、あるいは女に対してでたらめな男性であるとして、社会的にも軽蔑されてしまうでしょう。これは間違った表現方法です。つまり愛は正しい知恵に裏付けられていないと本当の愛というわけにはいかないのであって、もし相手が家族を持ち、奥さんがあり子供もあると言うような場合は、それに対して無闇に恋愛感情を持つことは間違っているのです。しかし間違っているが、止むを得ず持ったような場合は、それをそのまま表現しないことが大切です。

恨まないこと

あなたの場合その先生に対する「先生としての愛情」は宜《よろ》しいが、それをさらに恋愛感情にまで持って行くと、これは間違ったことになり、あなたもそのことはよくご存知のようです。結局「実らない愛」というのは、実はそのように位相の混乱した愛の場合がこれにあてはまります。あなたは以前男の友達に恋愛感情を持ったようですが、このような場合は別に間違った恋愛感情というわけではありません。ただし、相手の人とうまくいかなかった場合は、これは本当の夫婦や家族になる間柄でなかったということを現わしているのであって、その男女の交際は、友情の範囲でとどめるのが正しいのです。ところがあなたはこれに対して恨みを持ち、自分の愛を彼が傷つけたと思っておられるようですが、これはかえってよくありません。

人を恨むということはどんな理由があっても、自分に打撃を与える結果になるのです。だからその少年を許しなさい。そして彼が幸せであることを祈ってあげるような気持になることが大切です。又あなたの先生に対しては、その先生が幸せであることを祈ってあげればよいのです。そしてあなたが立派な成績を取り、見事に希望する学校にでも入ってくれることが、塾の先生としては悦びになるわけで、彼はおそらくあなたが自分と恋愛関係になることを欲してはいないだろうと思われます。もしそれを欲しているとすると、彼が独身でない以上は、間違った愛の混乱状態にあると言う他はありません。従ってこのような愛を混乱状態のまま、恋愛の言葉でもって表現するということは、人生を誤る方向にもっていくものです。

あなたはいま父母に対して、本当に感謝することが非常に大切な勉強課題になっているようです。「父母にこんなことを言ったってしょうがない」というのは、父母を信頼する気持が薄れていることを現わしているのでしょう？　しかし家族は、ことに父母はあなたのことを一番親身になって考えていてくれます。友達よりもなによりも、お父さんお母さんがあなたのことを、最後まで面倒見てくださる大切なお方であるということを、ぜひ思い出して下さい。そして毎日神想観をして平和な家庭を心に描き、父母に感謝し、御祖先にも感謝して、明るい毎日を送ってください。

あなたは、これからの人生、洋々とした未来を持つ中学三年生です。あなたの未来はこれから始まるといってもよいのです。その時、間違った方向へ行くと、とんでもないことになりますが、正しい家族関係の中で、正しい信仰を持ち、明るい伸々とした悦びの生活を展開することが、あなたの幸せになる道です。どうか愛の表現でも、すべての表現には正しいやり方と間違ったやり方があるということを知っていて下さい。言葉でも態度でもみなそうです。毎日神想観をやっていると、自然にそのことが分ってきます。ではお元気で、さようなら。』

家族の役割

右のような手紙を書いて出した後で、フト気がついたのは、もしかしたらこの〝先生〟は、まだ独身であるのかも知れないということだ。するとどうして「実らない愛」とこの女生徒は考えるのだろうか。多分年が若すぎて、「恋愛するには早すぎる」と父母に言われるからであろう。

たしかに早すぎるけれども、しかし人は中学生でも小学生でも、そんな感情を持つことはある。そんな場合、彼女がかつて体験したように、いつの間にかどちらかから、その感情が崩れて行くことが多いのだ。そんなことを父母や年上の家族は知っているから、子供たちを「保護しよう」として、そんな忠告をする。それを無視して、結局悲しい思いをする人たちが、これもまた沢山いるのである。

しかし又その恋愛感情を大切にして、二十歳ごろまでより一層深い愛情に育てて行くならば、立派に結婚生活にもって行くことのできる場合もある。そのためには、家族の温かい保護がないと難しい。

丁度それは幼い苗を育てるために必要な苗床のようなものであり、間違った行動に走らないようにするための「教育の場」でもある。そんな大切な役目をしてくれるのが「よい家族」であるが、そうでなく無理解で、こわれかけた家庭も世の中には沢山ある。そんな場合、子供達は支えを失って、人生の迷子になったり、反抗児となったりして、大きく回り道をすることが多い。

だから家庭はとても大切であり、家族の人々の心のあり方が、大きな問題である。つまり人間は誰でも、よい家族によって、正しく護《まも》られ、生れた時から必要な「心の教育」をうけることが望ましい。だからその家庭には、正しい信仰の基礎が必要であり、「人間・神の子・完全円満」の真理が多くの人びとに伝えられなければならないのである。

＊「すばらしくなれる」＝谷口清超著。（日本教文社刊、現在品切れ）

4　自分に勝つとは

善い心と悪い心

もし人が一人だけで生きている時には、争いもなく、競争もないが、二人以上になると、争い合ったり、競争したりすることがある。すると一方が勝ち、一方が負ける。時には引き分けもあるが、大体勝ち負けがきまるものだ。

ところが人は一人でいても、心の中では争いが起る。例えば何かのつごうでウソがつきたくなった時、そのウソでごまかして一時のがれをしようと思う心と、「いやそんなことをするものではない、ウソは必ずバレルし、決してよい結果にはならない。やめとけ」とささやく内心の声がある。すると一人の人間が、どうしようかと思い悩んだりして、結局一方の心が勝ち、一方の心が負けてしまうというようなことで、勝った方の心のように行動する。

例えばこの場合ウソをつく心が勝ったとしよう。するとその場はそのウソでごまかせるかも知れない。しかし負けたように見える正直な心は、中々引き下がらないで、その後も何となく心の奥底でウゴメイている。この心は「本心」だから生き続けるのだ。そこでウソつき男（又は女）は、あまりすっきりした気持にはならない。ウソをついてとても気持がよい、ということはありえないのである。

つまり人間は誰でも本来すばらしい善性の持主で、どんな悪人にも「良心」というものがある。平生《へいぜい》その心はかくれていても、必ず出てくる。さんざん悪いことをして、人殺しまでして、死刑囚になり、どうしようもない悪人だといわれた人が、フトある日、昔先生から絵をほめられたことを思い出して、その先生に手紙を出し、それがキッカケで、和歌を習い出して、色々とよい心が出て、よい歌を作り、歌集を出した島秋人《あきと》（ペンネーム）という人の実例もある。（平成九年十一月号『理想世界』*にくわしくかいてある）

このようにどんな人にも、善性があり、それが人間の本心であり、それを「神性《しんせい》」とか「仏性《ぶつしょう》」と言うのである。一方ウソつき心も起るし、時にはどなりたくなったり、約束いはんをしたりする心も起ってくる。そんな時、この悪い方の心に勝たせてしまうと、だんだんこの心も出やすくなる。何故なら、自分で自分を「悪いやつだ」と認めるから（それは本心の善性がみとめるのだ）、認めたものがこの世には現れてくるのが「心の法則」だからだ。

ひとのせいにするな

こうして悪は次の悪をよび、その悪が次第に大きくなってくる。ウソつきの例でいうと、最初はちょっとしたウソであっても、だんだんと〝大ボラ吹き〟となって、とうとう自分は一流大学出だと言いふらしたりする。本当はそうではないのに、そんな学歴を言いふらし、さらにウソの報告をしたり、人にウソ報告をすすめたり、ニセの報告書を作らせたりするということになって、ついに社会問題を引きおこし、処罰されたりするのである。

このように善い心も悪い心も、最初はちょっとした思いつきでも、だんだんひろがり、のさばり出して行くから、善い心の方を認めて、のばしかつ育てて行かなくてはならない。それに又周囲の人々の心の影響も加わるから、善いことをしたり、言ったりしているよい友人などとつき合うようにすることが大切である。「自分に勝つ」というのは、このようにして善い心を育てて行くことだから、一ぺんに善性が出てきて、自分に大勝利した——などということはないものだ。

つまり本当の心は「神の心」であり、「仏心」であるのが人間の実相（ほんとのすがた）だが、それがすぐ完全に現れている現象界ではない。何故《なぜ》なら「現象界」は〝表現の世界〟であるから、自分で認め、訓練し、表現しただけのものが展開する場所だからである。

例えば「神の子・人間」は無限力があり死なないいのちだが、現象界には死や病気や失敗も出てくる。それはまだ実相のすばらしい力を現し出していない所があるからだ。そこで、どんな失敗にもめげず、さらによい心をどんどんと引き出し、「自分に勝つ」練習を続けて行くことが大切である。例えば柔道家が、練習仕合で、日々勝つように訓練を続けるようなものであり、芸術家が日々訓練して、才能をみがいて行くようなものである。

するとどんな人でも、必ず立派な人格や知識や能力が身についてくる。それを環境がよくないからこうなったとか、家庭のせいでこうなったなどと、ひとや物に責任を負わせて自己弁解してはいけない。それでは「自分に勝つ」のではなく「ひとに勝たせてもらう」というだけになってしまうだろう。平成九年十一月二日のNHKの第一放送（人生読本）で、斎藤知正《ともまさ》さんというもと愛知学院大学の先生が、澤木興道《さわきこうどう》老師のことについて、こんな話をしておられた。

澤木老師は今はもう亡くなられたが、立派な禅の大家で、駒沢大学の教授もなさったが、一宗一派の寺は持たず、全国各地で坐禅の会を民家などで実修された人である。斎藤氏は中学二年生のときこの澤木老師の話をきいて、大いに感激し、旧制の水戸高校では自らも禅を学び、澤木老師の内弟子のようにしていた時代もあったということだ。

「老師は、世間話をしていらっしゃるようで、実は世間話を通して仏法《ぶつぽう》の根本の意味を吾々に知らしてくれるような話ばかりでした」

と話しておられた。さらに澤木老師の少年時代は、こんな環境であったという。

愛護の目

澤木少年は森田さん一家になぐさめられ、救われた。というのは、五歳のとき母親に死に別れ、八歳で父親に死別した。そこで親戚にあずけられたが、そのおじさんというのが半年も経《た》たないうちに死んでしまった。そこで澤木少年は見ず知らずの家に養子にやられたが、養父というのがヤクザでバクチ打ちで、毎日酒ばかり呑んでいた。養母というのは女郎《じょろう》（昔の売春婦）上がりのヒステリー女性だった。そこで可愛がられたのではなく、労働力として養われたのであった。

現代では全く考えにくい逆境だが、経済的に貧しいのではなく、精神的に〝極貧の家庭〟に育ったのである。普通の少年なら、とても耐えられないような環境だったが、たった一つの救いは、隣に住んでいた森田さん一家だった。森田さんの家は昔大きな庄屋さんで名家だったが、その家がつぶれた。そこで流れ流れてこのスリやイカサマ師の住むドヤ街に住んだのである。

澤木少年はひまさえあれば森田さんの家に行って話を聞き、その家の手伝いをした。頭を働かせ、人の心を汲み取って、奉仕的に働いたそうだ。そんな生活だったから、いくらでも悪くなる誘惑はあったが、それをハネのけて正しい人生を求め続けた。まさしく「自己に勝った」のである。

そしてこの森田さんから、金や名誉を超えた世界があることを教えられた。森田さんは金で絵を描くのではなく、そんなことを無視してよい絵を描くことに熱中していた。森田一家は高貴な雰囲気の中で生活していた。それが澤木少年をひきつけ、彼自身の善性を引き出すところの仏道を学習し、実践するキッカケになったというのである。

澤木老師は昭和四十年十二月二十一日に亡くなられたが、十二月初旬に斎藤氏は京都までお見舞に行った。やつれた老師は二階の床に上向きになって寝ておられたが、大変喜ばれた。南側からは外の景色が見え、綿雲が西から東に流れていた。老師はその雲を指差して、

「雲が、興道や、興道やといって、俺をなぐさめてくれているよ」

と言われた。見ると雲の周辺が逆光で白く光り輝いていた。その雲が風にのって流れて来て、病室をのぞき込むような恰好《かっこう》だったという。斎藤氏がお別れの挨拶《あいさつ》をし、座を立って廊下と部屋との境の襖《ふすま》を閉めながら、老師の方をみると、老師もじっと斎藤氏の方を見つめておられたが、これが最後の別れになった。斎藤さんはその最後の老師の目が忘れられず、

「いつも私のうしろから見ている。私の心の奥底のうしろの方からじっと見ている。私は見られている、ずっと続いていて、今もって変わりません」

と話しておられた。これは斎藤さんだけのことではなく、全ての人々が〝この目〟で見られているのである。もちろん肉の目ではなく、愛の目であり、師のまなざしであり、父母の愛護の目である。澤木老師のようにひどい逆境で父母に死別しなかった人々は沢山いるだろうが、この愛護の目で、父母も見続けておられるのである。善をすすめ、悪を避《さ》け、己《おのれ》に勝て、真の人間の道を歩めとさとしておられるのである。

幼児の心

「人は皆神の子だ」

「父母に感謝し得ない者は神の心にかなわぬ」

というのはそういう訳である。澤木老師が「雲がなぐさめてくれる」と言っているように、私達の周囲にある草や木や、川や海や、空や雲も、私達をなぐさめてくれ、見まもっていてくれる。それだのに、私達は幼いころ、よく草や木を勝手に切り倒し、川や海に汚《お》物《ぶつ》を投げ込んだりした。ひどいのになると、猫の足を切ったり、うさぎを殺したりする。これは大変いけないことだ。それをしないのが正しい。もし人がしようとするなら、せめてそれを止めるくらいはするのが当り前である。

ところが自分に勝たず、自分に負けた人たちは、悪い行いのマネをしたり、それに加わって一緒にやったりする。仲間外れにならないためだろう。しかし、時には仲間と別れても、私はやらない、正道を歩むことを実行しなければならないのだ。

その練習をするために、いつも少しずつでもよいことをするのがよい。自分に勝つことは、他人に勝つことでもある。いや、〝勝つことにも勝つ〟のだ。つまり勝ち負けを超える

のである。だから一見、負けたように見えても、本当はより一層実相に近づいているのである。それを昔の人は、

「負けるが勝ちだ」

と言った。外形ではない。心の中でしっかり神意により添い、従っている時は、勝っているのである。ウソを言うとちょっと助かると思っても、ウソを言わない練習をしていると、次第に本当の心のささやきがどんなに尊く、気高《けだか》いかを示してくれ、救いを与えてくれるようになる。

だから決して自分の「本心」をくらましてはならない。神の声はつねに本当の勝利、奥の奥なる世界の勝利へと導いてくれるのだ。敗北者と見えても、実は勝利者であることは、いくらでもある。幼い子供が父や母にモハンを示すことだってできるのである。平成九年二月十八日の『産経新聞』にはこんな投書がのっていた。

『　　　　　　　　　　山中宏一郎　29
　　　　　　　　　　（千葉県鎌ヶ谷市）

一歳半のマー君は外から戻るとパパより先に祭壇に手を合わせます。その姿を見てあわててパパも手を合わせる始末です。朝晩きちんと合掌し、深々と礼をしているその姿はほ

ほえましくもあり、また美しくもあります。パパはマー君に尊敬の念さえ抱くことがあります。

大バッハが篤（あつ）い信仰心から、あの美しい曲の数々を生み出し、マザー・テレサがイエス様への信仰のゆえに、あのような力強い活動を行ってきました。かわいいマー君もどうか今の清らかな、美しいその心を忘れずに、一人でも多くの方々のお役に立てるような大人へと成長してくれることをパパは祈っていますよ。パパもマー君を見習って信仰心を日々深めていきたいなあと思っています。（会社員）』

この投書したパパもすばらしい人だ。一歳半の赤ん坊にできることが、小学生や中・高生にできないはずはないのである。ところが、小さい時やった善いことを、やらなくなる人がいる。どうしてかというと、自分に負けるからだ。体力的には負けないが「幼児の心」をつまらぬ常識やテイサイや反抗心でおおいくらますのである。

だから神を想い、神の国を心に描く「神想観」を毎日続けよう。人が見ていようが、見ていまいが、多少時間が短くても、何時《なんじ》からでもよいから毎日やっていると、いくらでも続けられる。そして神の心が分かってくるし、自然に、ますます、とても楽しく善いことができるようになる。自然に「自分に勝つ」のである。善性が力強く輝き出して、悪いものがみな消えて行く。一時的な失敗も、悪いうわさも評判も、みな消えてしまう。そして「幼児の心」で、小学、中学、高校……と進んで行けるのである。

これが自分に勝ち、勝つことにも勝ち、楽でたのしい生き方なのである。こうして『大調和の神示』*の最初のお言葉が、たのしいあなたの日常生活となるのである。

『汝《なんじ》ら天地一切のものと和解せよ。天地一切のものとの和解が成立するとき、天地一切のものは汝の味方である……』

*平成九年十一月号『理想世界』＝この論文は後に単行本『幸運の扉をひらく』(日本教文社刊)の中に「人生大学で学ぶ」として収録されている。
*『大調和の神示』＝谷口雅春大聖師が昭和六年に霊感を得て書かれた言葉で、この神示の全文は『新編聖光録』又は『御守護 神示集』(いずれも日本教文社刊)に収録されている。

三、いのちについて

1　何故いのちは尊いか

ひよ鳥の話

今私の住んでいる家の庭に、数年前にひよどりが巣作りをした。家屋《かおく》の東南側のごく近くに、中くらいの太さの竹の垣《かき》のようなものが生えていて、その藪《やぶ》の枝の根っこに、うまいこと巣をこしらえ、雄と雌のひよどりが代り番こに卵を温めて、やがて四羽の小さなひなが誕生した。最初のころはとても小さく口ばかりのようだったが、次第に大きくなり、とうとう巣立ちしたのである。

すると四羽のうちの一羽は、まだ飛べないので、庭の草むらの中に落ちてしまった。近くで親鳥たちはしきりに鳴いてはげましていたが、まだ飛ぶ力がないらしい。仕方がないので捕まえて、枝か餌《えさ》台の上にのせてやろうとしたが、私が近づくと、口をあき羽根を広げて抵抗し、逃げて行った。やっとのこと雅宣《まさのぶ》さんがつかまえて、餌台の上にのせたが、すぐに飛び下りて、さらに逃げて来て、家の軒下にある水道のあたりに来て、水柄杓《みずひしやく》の上にとまった。

しばらくの間そこにじっとしていたので、親鳥が飛んで来て、二回ほど餌を与えていた。そのまま続いて餌を与えてくれていたら育つだろう、と思って安心していた。ちょうど木曜の休日だったので、私はずっと家にいたが、家人が目を離しているうちに、何だか気掛《きがか》りになるので見に行くと、いつも家の庭に遊びに来ていた猫が、餌台の方からやって来て、舌なめずりをしているのだ。この猫は野良猫で、前足の一本が切れている。だからよたよたと歩くが、舌なめずりをしている所がどうもあやしい。見るとひよどりの雛《ひな》は、どこにもいない。親鳥たちが、さかんに飛び回って騒いでいるのだった。

つまりこの雛鳥は、猫にたべられてしまったという外《ほか》はないことになってしまった。別に猫にたしかめてみたわけでもないし、親鳥たちが告訴した訳でもないが、以後このひよどりの雛は、もう二度と姿を見せなかった。親鳥たちも、あと数回やって来て探していたようだが、もう来なくなって、遠くの枝で他の小鳥たちを育てている様子だ。

一羽の小鳥でも、それが死ぬということは、とても可哀そうで気の毒である。きっと親鳥たちも、そのように感じたことであろう。しかし自然界では、こうして「強いもの」たちが残され、その子孫を生み続けて行くのである。

大切な生と死

だから人の死でも、行方不明でも、とても悲しい思いがする。その反対に人のいのちが地上に生まれることは、うれしくておめでたく、そしてたのしいのである。だからこの世では、いのちを大切にしなくてはならないし、手塩《てしお》にかけて育てて下さった父母には、心から感謝しなくてはならない。決して自殺したり、行方不明になったりしないことである。

ところがこの「いのち」という言葉にも、二通りの使い方がある。今までのべて来たいのちは、鳥にしろ人間にしろ、肉体として生きているいのちのことだが、このいのちはどんな生物でも、いつかは死ぬようにできている。植物のいのちでも、何千年かたつと寿命が尽きて、死んでしまうのだ。何しろ一つ一つの細胞の中にある遺伝子には、必ず死ぬ時が来るための〝暗号〟がきざみ込んである。電車やバスの回数券は、一回ごとに使って行くから、何回か使うとなくなってしまうだろう。それと同じように、細胞は一回分裂するごとに、テロメアという回数券が減少して行くのだ。こうして約五十回ぐらい分裂を繰り返すと、テロメアの部分（染色体の両端の部分）がなくなってしまう。するとこの細胞は、死んでしまうのである。

一つ一つの細胞は死んでも、身体全体は生きているが、これもまた次第にある年数を経《へ》ると死んでしまうようになっていて、その期間は動植物の種類ごとに異なっている。では何故《なぜ》肉体が死ぬのか。そんな回数券みたいなものはやめにして、無限に死なない細胞にしたらよいではないか——というかも知れない。

だが、そうなってしまった細胞が、実はガン（癌）細胞なのである。他の細胞は死んで行くが、ガン細胞は死ななくなる。するといくらでも周囲の養分を吸収して大きくなり続け、やがてその組織を破壊したり、他の組織に移ったりして、その生物の全体のいのちを死なせてしまうのだ。

それならば、全体のいのちも死なないようにしたらよいではないか——と言うかも知れない。だが細胞がむやみにふえてくると、全体の身体がますます巨大となり、地球上の何もかもが巨大化して行った時は、一体どういうことになるだろうか。地球そのものの大きさは一定だから、やがて地球は生物同士のせめぎ合いの、満員電車のようになり、食糧もなくなり、喰い合いの世界が出てくるだろう。

だからこの地球上では、肉体の死が必要なのである。適当に新陳代謝をして、古いものは死に、新しいものが入れ替って行くのだ。これが物質の現象界という此の世の〝当り前の姿〟なのである。しかもこの生と死とは、共に大切な働きであるから、死の大切さも知り、生きているいのちの尊さにも充分感謝して、自分たちを生み育てて下さった方々に、感謝してくらさなければならない。

完全ないのち

ではこうして死んでしまった生物のいのちは、それでもうすべて無くなったのか。物質の現象界のことばかり考えていると、それでいのちはもうどこにもなくなったと思うかも知れないが、本当はそうではない。もしそうなら、神様なんかどこにもいないし、神様も死ぬということになるだろう。けれども「見える物」ばかりがあると思うと大間違いで、智慧も、愛も、いのちでも、実は見えないのである。見えないいのちが、肉体が消えると「なくなる」と考えるのは、まことに非科学的な話ではないだろうか。

つまり、なくなったということの証明をせよと反論したら、誰も証明し得ない。人々の臨終のとき、お医者さんが「なくなられました」というのは、いのちを測定したのではなく、心臓の鼓動や、脳波や、瞳孔《どうこう》の開きや、呼吸などの物質の状態を測定しただけである。レントゲンにとっても、いのちなどは決して写らない。だから脳波の測定でも、いいかげんの時間がたつと電源を切ってしまって終わりと言うのである。

こうして、愛も、智慧も、いのちも、そして神も仏も、「見えないからナイ」と言えるだろうか。もし測定できないからナイと言うのなら、ブラック・ホールも、太陽系やはるか彼方《かなた》の銀河系のさらにはるか彼方にある世界は「測定できないからナイ」ですませられるのだろうか。

だからつまり、一口にいのちと言っても、死者のいのちは、まだあるはずだと言う考えは否定できないし、一度アルとみとめたいのちが永続していると考えるのも当り前ということになる。だからこそ、肉体的ないのちの姿も尊いのである。何故《なぜ》なら、どうせ消えて無くなるものが尊いとか有難いということは考えにくい。例えばあなたが夢を見るとしよう。夢の中でアンパンが出て来たが、夢からさめるともうアンパンはない。だったらその夢の中のアンパンは尊くて貴重だ、ありがたいなどと言うと、気が変だと思われるだろう。

全く何もないいのちや愛が尊いなどとは言えない。尊いいのちは、肉体を通して現れていても、現れていなくても、尊いものは尊いのである。そして今アルいのちは、永遠にアルと考えるのが正しい。しかもいのちが永遠にある以上は、完全でなければならない。これは神様が完全であるから、永遠不滅だということと関連している。

何故なら、不完全な物は、やがて破損したり、消えたりするだろう。家でも、車でも、機械でも、不完全だと長持ちがしない。ボロボロの家が永遠に続いたなどということはありえない。だから、いのちが永遠にアルということは、そのいのちは完全円満であり、これを神といったり仏と言ったりする。完全者、大法則、大法といったような意味である。

だから神こそアルのであり、人間のいのちも本当は完全円満、不死不滅であるから「神の子」と言い「仏」という。仏とは「ほどける」という語源で、何ものにも束縛されない大自在心、解脱《げだつ》者（とき放たれたもの）という意味だ。これを実相とか実在とかともいい、真如《しんにょ》とか如来とか、正法眼蔵《しょうぼうげんぞう》とか如来蔵《にょらいぞう》とかともいうのである。

神想観が大切

さきにガンの話をして、それはいくらでも増え続けると言ったが、増え続けないでも、そのままある程度大きくなって、じっとしているとすると、そのガンは不完全なものだから、やがて消えてしまう。けれどももしガンが完全なら消滅しない。しかし目に見えている物体はみな不完全なのだ。何故なら完全なものは、吾々の肉眼にはその全相がとらえられていないからである。

丁度写真のように、三次元の物体だけが測定されたり、見えたりする。五次元やそれ以上の無限次元は見えて来ない。それだけの知覚識別の能力が肉体にはないからである。（つまり写真には存在する全てが写らないようなものだ）

けれども、肉体人間として現れているいのちも、「神の子」のいのちの一部の現れであるから、どんな姿に現れていても、尊いいのちとして、大切にしなければならない。それは写真の例をとっても明らかであろう。

例えば父や母の写真は実物の父や母ではない。しかしその写真は大切にして、そまつに取り扱ったり、「にくい父だ」といって、ふんづけたり、やぶったりしてはいけないのである。それはその写真の背後に、本物の父がいて、さらにその父の実相は「神の子」でありすばらしい愛と智慧のいのちそのものだからである。それ故《ゆえ》、三次元世界の現れとしての父や母や兄弟姉妹、そして全ての人々の肉体を傷つけたり、ナイフで刺したり、銃で殺すことはいけないことなのである。

しかし人は時によると、その背後にかくれている神の子のことを忘れ、あるいは知らず、認めず、感情にまかせて相手の肉体に暴力を振ったりするが、これは相手のみならず、自分自身を傷つけることになる。

というのは、この世には「因果の法則」というのが働いていて、愛するものは愛されるし、憎むもの、傷つける者は、こちらもまたいつか憎まれ、傷つけられるからである。善い行いをすると、善い結果が出てくるし、悪事を働くと、その結果必ず悪いことが起ってくる。だからいのちを大切にする人は、他の人々や、動植物からも、いのちを守られ傷つかなくなり、いざという時に、不思議に救われたりするのである。

人のいのちは、ほんのちょっとしたことで救われたり、守られたりする。それ故《ゆえ》動物のいのちを救ったりしただけでも、その善い心が、自分のいのちを救うことになるのである。遠藤義雄《よしお》さんという人は、大東亜戦争の時期に、海南島の海軍司政官として活躍していたが、戦後は戦犯として捕えられ、中国の軍事法廷で死刑の宣告を受けたのであった。無実の裁判だったので不満でたまらず、獄舎では大いに反抗して敵をのろっていたが、ある日市川大尉という人が死刑になる直前に、遠藤さんの獄舎にそっと『生命の實相』*第六巻と、その中に鉛筆で『甘露の法雨』*『天使の言葉』*『実相を観ずる歌』*を書いた便箋《びんせん》をはさんで置いて行って下さった。

それを遠藤さんは中島利昭君という部下（死刑囚とされた人）と共に読んで、大いに感動し、日夜熱心に「神想観」を行い、聖経を読誦《どくじゅ》し続けたのである。広東の刑務所はものすごく暑く、夜は南京虫《なんきんむし》や蚊《か》の大群に悩まされたが、やがていつの間にか夜になると南京虫がぞろぞろと部屋から出て行って、朝になると帰って来るようになった。こうして蚊も南京虫も刺さなくなった。二人の心が変わり、天地一切のものに感謝するようになったからである。

そのうち看守に見つかったが、彼らも黙って見のがしてくれるようになり、その中の一人の阮（ルアン）さんという青年看守からすすめられて、南京中央政府に直訴《じきそ》状を出した。看守たちも、最初は死刑囚を虐待《ぎやくたい》していたが、「神想観」をしている姿を見てからは、二人を「神様」と呼び、大変深切にしてくれ、やがて死刑の順番が来てもそのまま放置され、やがて予審が行われ、公判となり、四回の出廷の後「無罪」を宣告されたのである。その時、遠藤さんはハラハラと涙を流して合掌し礼拝《らいはい》したと、その著書『真理は死刑の鎖も断つ』（日本教文社刊、現在品切れ）の中で書いておられる。

こうして無事帰国してから後は、本部講師*としても大いに活躍されたが、今はこの地球上の生活を終えられ、次の生れ変りの世界で、その不死・不滅の「いのち」を表現し続けておられるのである。

このように、肉体のいのちが尊いのは、その実相のいのちが「神の子」であり、不滅であることによるのであって、その「実相」を心で観ずるところの「神想観」が、どれだけ徹底するかによって、死刑からも、又事故死からも護られ、天寿を全《まっと》うすることができるものである。

＊『生命の實相』＝谷口雅春著。生長の家の聖典。頭注版・全四十巻、愛蔵版・全二十巻。昭和七年発刊以来累計一千九百万部を数え、無数の人々に生きる喜びと希望とを与え続けている。（日本教文社刊）

＊『甘露の法雨』＝宇宙の真理が分かりやすい言葉で書かれている、生長の家のお経。詳しくは、谷口清超著『『甘露の法雨』をよもう』参照。（日本教文社刊）

＊『天使の言葉』＝生長の家のお経の一種で、葬祭行事及び祖先霊供養等のために好適。

＊『実相を観ずる歌』＝谷口雅春先生の書かれた詩。『新版 生長の家 聖歌 歌詞』に収録されている。（日本教文社刊）

＊本部講師＝生長の家総裁により任命され、本部直轄の下に生長の家の教えを布教する講師。

2　共に生きること

孤独の悲しみ

何回も言うようだが、人は誰でも父母から生まれて来る。父母がいなくて、ポツンと地上に出て来た人は、一人もいない。イエス・キリストも、母マリアから生まれたということが聖書に書いてあり、父は誰だかよくは分からない。つまり人は生まれた時から、独《ひと》りぼっちではないのである。まず親と共に生き、それから家族に囲まれてくらし、兄弟姉妹や友人などにもめぐまれて成長する。

しかし何かの理由で、孤独になることはある。すると悲しくて、淋《さび》しいのだ。それはもともと、人と人とは愛し合い、助け合って共にくらすものだからであろう。本来の姿にかえりたいので、悲しかったり、淋しかったりするのである。

それは丁度、両手がある人の、片方の手が切れた時のようだ。また五本ある指が、一本切れて悲しいようなものである。しかし指が五本ある人は、六本ほしいとか、七本もほしいということはない。眼も二つあるのが当り前だから、三つほしいとか、眼が四つあると便利だとは思わない。

要するに当り前の姿になると人は満足する。そうでないと、悲しかったり、苦しかったりする。それ故《ゆえ》、さびしかったり、悩ましかったりするのも、共にくらし、共に学ぶ人たちがいないためであると言ってもよい。本当はいるはずだが、いることを認めず、「いない」と思い込んでいると、いないように思えて、淋しかったり、苦しかったり、悲しかったりするものである。

そこで人は心を閉じて、自分のことばかりを考え込んではいけない。人のことを思いやり、心の扉を開いて、明るい心で、家族や多くの人々と気持を通じ合わせるようにしなければ、この世の中から多くのことを学びとることは出来ないし、暗くて、不幸な人生を歩むことになり、失敗する。

ところで平成九年の六月三十日の『産経新聞』には、次のような投書がのせられていた。そのすぐ前々日の二十八日には、十四歳の中学生が、近所の小学生の首を切って校門の前に置いた事件の容疑者だった――という警察の発表があったときだ。

小さな事や大きな事

さて十四歳になる谷本清佳さんという大阪府の中学生の投書だが、

『淳君殺害事件の容疑者が逮捕されたことをテレビで知り、自分と同じ年であるということに驚くとともに恐怖さえ覚えました。しかし、それ以上に怖かったのは、このような重大事件にもかかわらず、粛然《しゆくぜん》としない人々がいるということでした。

兵庫県警須磨署前からテレビ中継が度々《たびたび》されたのですが、そのとき、リポーターの後ろで、二十歳前後の男性たちが、まるでお祭りであるかのように妙にはしゃいでいました。

それらの人たちは遠い他県の人ではなく、おそらく地元、あるいは近県の人でしょう。事件の凄惨（せいさん）さをよく知っているはずの人たちですのに…。

それなのに、テレビにわざと映っては笑うなどして、見ているほかの人が、どのように思うかを考えない、無神経さにはあきれるばかりでした。

「このような人たちと今後、日本を一緒に背負っていけるのだろうか」と、深刻に考え込んでしまいました。』

この種のテレビは、私もその中継場面を見ていたが、放送局員が放送しようとしても、周囲におしよせた青年や少年たちに押されて、よろめき、うまく声が出せないので、すぐ中断された状況だった。彼らは嬉しそうに笑ったりVサインを出したりしていたが、容疑者がつかまったことを喜んでいるのか、自分達の顔が全国放送の一コマに出るのが嬉しかったのか分からない。しかしこの投書者の少女のように、悲しい思いに胸をつまらせている人々もいたのである。

人は自分だけの思いで行動するよりも、多くの人々の幸福を思い、そのような〝共生の心で生活する方が、より善い行動をとることが出来る。それは利己的な心よりも愛他的な心の方が、「神のみこころ」に叶《かな》うからであり、ひとりよがりの判断で、他の人々の迷惑を省《かえり》みない行為をしないようになるからだ。

かつて私が昼食をたべに、本部から原宿の自宅に歩いて帰っていると、自動販売機が置いてある町角にさしかかった。するとその販売機近くには、空カン入れの箱が置いてあり、その中に踏みつぶされた空カンが入っていた。その空カンはつぶれて幅がひろがっていたので、空カン入れの孔《あな》にうまく入らない。入り口のところで、ふさいだ恰好《かっこう》になっている。それを取り出してのぞくと、空カン入れ容器の中は、充分空間があって、ガラガラだ。しかもつぶれた空カンは、ちょっと押えると幅がもと通りになり、孔の中にスルッと入るのであった。こうして空カンを孔に入れたところ、後からカンを入れる人が、まだいくらでも入れられる状況になった。

たったそれだけだが、人はとかく「自分のこと」ばかり考えて、他の人がどうするだろうかと考えない。弁当のたべカスを捨てる人も、捨てた後、そのたべカスが誰によってどうされるかを考えないのだろう。ただ自分の欲望満足や、自分の便利さばかりで物事を処理してしまう。これは小さい事のようだが、やがてこの小事が大きな事に発展して行くのだ。

小学生の首を切った犯人も、自分の〝学校への憎しみ〟か何かばかりを考え、猫や鳩や、ひいては知人の小学生にまで残酷な殺しを実行してしまったようだ。こんな行為は、決してすぐには行えない。従って多くの練習時間や、残虐《ざんぎゃく》な行為の繰り返しの末、遂《つい》にやってしまうのである。

コトバの力

だから小さな悪事でも、何でもないようなポイ捨てでも、平素からやらないように練習する必要がある。逆によいことなら、どんな小さなことでも、やることをおすすめしたい。さらに「コトバの力」というのがとても威力《いりょく》を発揮するから、ホラー小説（怪奇小説）や、残虐な殺しのマンガ・小説・ビデオなどは、なるべくさけるのがよい。前にのべた〝首切りの容疑者〟も、自宅にはホラー・ビデオが沢山集めてあったそうだ。三十日の『読売新聞』には、次のように書いてあった。

『小さいころは自転車を乗り回すのが好きな活発な子供だったという。朝は、母親の「行ってらっしゃい」の声に送られて、兄弟そろって登校した。（中略）暗記力にすぐれ、とくに社会科は学年トップクラスだったが、小学校ではクラスで嫌われていた子の味方をして〝浮いた〟存在になったこともあった。

中学に進んでからは次第に無口になっていった。所属していた運動部でも、ほとんど練習に出ない〝幽霊部員〟だった。「ほとんど口をきいたことがなかった」と、一、二年生の時の同級生だった生徒は話す。

二年生のころビデオの貸し借りをしていた友人がいたが、少年が持っていたのはホラー物が多かった、と友人の母親は振り返る。三年生になったこの春、少年が「復讐《ふくしゅう》したるっ」と声を荒らげて言ったのを同級生らは聞いた……』

本来はよい子供で、愛情も深かった少年が、次第に無口で孤立化して行った経過が述べられている。クラスで嫌われた子の味方をして〝浮いた〟存在になったというのは、彼の欠点ではなく、相手の気持を思いやる美点だったようだ。だからそんな立場にいても、そのいじめを乗りこえて、明るい尊敬される人に育って行った例は、生長の家の少年少女にはいくらでもある。それは「神の子・人間」の教えの書かれた、善行《ぜんこう》をすすめる本や月刊誌を読み、そんな仲間達を持って心を鍛《きた》えたからである。

ところがそんな時、人や学校を嫌い、憎み、マンガやビデオなどで怪奇・恐怖物を好んで見たり読んだりしていると、次第にその生々《なまなま》しい言葉にひかれて、自分をそのコトバの方向に引っぱって行くのである。この犯罪少年も次第に変化して行った。同年七月一日の『読売新聞』によると、「ホラー映画の影」として、こう書いてあった。

人と動物・植物も共に生きる

『「人間が野菜やから殺していいねん」

アメリカのホラー映画のビデオを友人に貸した時、少年は言った。九歳の男の子が一家をみな殺しにするが、だれからも疑われず、殺人を繰り返すというストーリー。主人公の男の子の目には、周《まわ》りの人間すべてが野菜に見えるという設定だった。

「人間をそんなふうに見れたらいいな」。少年はそうも言った。中学一年の春のころだった。

翌年、中二の秋、少年は神戸市須磨区の模型店で新しいエアガンを買い、ゴーグルを着けて、友人らと公園で撃《う》ち合った。少年は、五、六人のグループのリーダー格となっていた。障害者学級の生徒を標的に、いじめもやった。「ゴミ出しなんかの時に、こそっと殴《なぐ》る。言葉が不自由な子なので、先生には絶対ばれない」と、同級生は狡猾《こうかつ》さを指摘した。

このころ、少年の家へ行った友人は背筋が寒くなったという。一階奥のテレビ部屋の棚にあった十体ほどの小さなドラゴンボール人形（約五センチ）のいくつかに首がなかったからだ。土師淳君殺害事件の約半年前のことだ。（後略）』

こうして彼は「首切り」の練習をしていたのであろう。さらにA少年の書いた〝挑戦状〟には、アメリカの連続殺人事件の犯人「ゾディアック」が地元の新聞社に送った犯行声明文と似たような文章があり、アメリカの事件をマネしたのだということである。彼には「透明なもう一人の自分」がいるとも言い、二重人格をにおわせているのだ。

けれどももし彼が温かい家庭で、父母や兄弟とよく話し合い、平生《へいぜい》から心と心とを通い合わせていたならば、こんなホラー物語や映像と〝仲よし〟の共生はしなかったであろう。もっとよい筋書きの人生を心に描き、人々のためになる行いに進んで行ったにちがいない。

「共に生きる」ということは、人間同士はもちろんだが、人と動物とも、やはり共に生きて行く。だから犬でも猫でも、小鳥でも、人の心が通じるし、動物にも心が伝わって行く。この少年の場合は、猫や鳩をひどい目にあわしたというが、その反対のやり方をして〝可愛がる練習〟をしていったら、立派な「神の子」の姿を現し出して行ってくれただろうと思われる。

さらに又、動物同士も共に生きることを学んでいる。私の住む家の窓の東南側に植えてある竹藪《たけやぶ》に、その年はもう一組のひよ鳥が巣を作り出した。その様子を眺《なが》めていると、オス鳥とメス鳥とが交互にやって来て、近くのビニールの切れはしなどを使って巣の底を補強していた。やがて巣の周囲を作り出す時、すぐそばに生えている竹の葉を折りまげて、それを下に敷いて、別の枯れ枝などをつみかさねる。すると竹の葉は生きているから、とても弾力のある巣が作られるのだった。

さらに又植物と人間の心は通じ合っているから、温かい愛の心で畑の中を見回ったりすると、その畑の作物はよく育つのである。冷たい心で、見回りもせず、耕作もしてやらない畑では、作物は枯れおとろえて行くばかりである。

平成九年七月一日には香港が中国に返還され、中国領に〝回帰〟した。香港は特別行政区となったが、その区旗の花は紫荊花《しけいか》と呼ばれる花で、ハナズオウという和名がついている。この花には漢時代の田真、田慶、田広という三人兄弟の昔話が伝わっているそうだ。七月一日の『毎日新聞』の〝余録〟欄には、次のように書いてあった。

『(前略)▲昔、3人の兄弟がいたが、他人にそそのかされて大げんかし、分家する騒ぎになった。財産はすべて3等分したが、家の前の大きな紫荊花だけが残った。3人は相談のうえ、木も切り倒して3等分することに決めた。翌朝、兄弟は驚いて色を失った。紫荊花は枯れていた▲長兄は言った。「切り倒すと聞いて、紫荊花は一夜のうちに憤死《ふんし》してしまったのだ。樹木でさえ人間のような気持ちを持っている。われわれ兄弟は、この木にも及ばないのだろうか。この家を3人で分けることなどとてもできない」。2人の弟も涙を流してうなずき、兄弟はしっかり抱き合った▲すると枯れていた紫荊花はたちまち生気を取り戻し、やがて兄弟はこの地方で一番の金持ちになったという。この紫荊花を香港特別行政区旗にしたのはなかなか意味深長だ。(後略)』

3　夢と理想・天下無敵

夢と目標

かつて私は平成六年の『理想世界ジュニア版』五月号に「すばらしい夢を描け」という題で書いたことがある。今回再び「夢を描くことの大切さ」について書くようにとの編集部の依頼が来た。しかし「夢を描く」と言う場合、「どんな夢か」ということがとても大切だ。というのは、大抵の人はみな何らかの「夢」を持っている。大人になったら何になりたいか、どんな学校に入りたいか、又入りたくないかなどなど。谷口雅春大聖師*の「夢を描け*」という長詩は有名だが、その中に、まずこう記されている。

『若きと老いたるとを問わず
　兄弟よ、夢を描け、

蜃気楼《しんきろう》よりも大いなる夢を。
夢はあなたの肉体を超えて虚空《こくう》にひろがり、
ひろくひろく宇宙にひろがる雲となって、
あなたをより高き世界へ
あま翔《か》けらす大いなる翼《つばさ》となるであろう（後略）』

すなわち「大いなる夢」を描けということだ。しかしこれは〝詩〟であるから、文字通りの大小で考えるわけには行かない。そのコトバに込められている〝意味〟を感じ取ることが大切だ。夢には空間的な大も小もないからである。

しかもこの「夢」という言葉は、眠った時にみる夢ではないだろう。「理想」とか「希望」とか「目標」といってもよいが、「夢」といった方がロマンチックで、通常よく使われる。「あこがれ」といってもよい。だから高い理想とか目標といった意味で使われる。

人は若いころから、あまり低い目標ではなく、高い目標を持つことが望ましい。しかし小さいころの目標は、大人になるとあまり高くはないと分かるのが通常だ。それは子供の身長に合った目標を選ぶからで、小さい子は「一メートル」の高さでも高くて飛びこえられないが、大きくなると、もっと高い目標でも飛べるようになる。すると自然に「もっと高い目標」へと変わって行くのである。
変わって行くのが当り前で、いつまでも「一メートル」にしがみついていると、進歩向上しない。だから「夢が変わる」ことを恐れてはいけないし、より一層すぐれた目標や、質の高い目標が出てくる方がよいのである。

欲望と夢

すると人間の中にある「無限力」が、より一層引き出されてくる。それは「心の法則」によるのであって、心が物を作り出し、環境や肉体を変化させるからだ。だから良い目標や、適した目標、夢を持つことが大切である。しかしいくら夢を描いても、それが利己心や欲望によるものでは、必ずいつか行き詰まる。というのは、人間に内在する「無限力」は、肉体にあるのではなく、肉体を超えた「人間のいのち」そのものにあるからだ。そこで「夢を描け」の詩には、

『あなたは夢の翼によって肉体の制限《さかい》を超える』
『天地を造った偉大なる心と一つになるのだ』

と歌われている。この「天地を造った偉大なる心」が神であり、「大生命」そのものであ

る。この「いのちの本源」を信ずる信仰がなく、ただ単に夢だけを描いていたのでは、この「無限力」は中途半端に終ってしまい、肉体を超えることなどできないのである。

そして又欲望や利己心は、すべて肉体に附属したものであって、肉体を持続させるための自動装置のようなものだ。つまり食欲、睡眠欲、性欲などは悪でも善でもない。肉体という人間の魂の使う道具（肉体）を保存しふやして行くためのオートメーションの働きである。だがこれを魂に内在する「無限力」とか「理想」などと取りちがえてはいけない。もしそれを取りちがえると、食欲に引きずられて、勝手気ままにどこでもいつでも飲食し、教室でも居眠りをし、夜半でも遊び廻り、性欲を愛だなどと思いちがえて、ついには多くの人々に迷惑を与えたりするからである。

これらは全て一種の道具の自動作用だから、これをよくコントロールすることが必要で、欲望を無にしようと努力することはムダである。だからそれが無くなった人を「聖人君子」というのではない。それを正しい人生の目的、つまり「神のみこころ」に従ってちゃんとコントロールすることが良いのだし、その訓練が人生での一大目標ともなる。又利己心という我欲からもさらに向上し、利他心とか、愛他心と言われる、「神のみこころ」の方に進歩向上して行かなくてはならない。

例えば次のような話が草柳大蔵さんの書かれた『ひとは生きてきたようにしか死なない』という書物（保健同人社刊）の中に記されていた。かつての大戦中の特攻隊の話だが、当時の日本海軍は〝特攻攻撃〟というのをやり出して、敵艦に体当りをして行く方法をとり始めた。そのために特攻に出動する飛行機や艦船には、片道分だけの燃料しか積まず、体当りをして戦死するという戦法が出た時期があった。ことに末期の沖縄戦では、それが〝正史〟となっているということだ。

片道特攻

《しかし、沖縄作戦が終了し、出動した艦のうち、大和、矢矧《はぎ》、磯風、浜風、朝霜、霞が沈没したが、冬月、涼月、雪風、初霜などの駆逐艦は生還したのである。駆逐艦のような燃料タンクの容量の小さい艦が沖縄・呉間を往復できたことは、はじめから「片道燃料」でなかったことを物語っていよう。それを、戦後の戦史家たち、日本海軍を書き継ぐ物書きたちは、なぜ、書かないのか。なぜ、「片道特攻」という四の五と言わせぬ強い表現を再検討してみようとしないのか。

語るのは小林儀作氏（故人）である。沖縄戦当時は連合艦隊参謀（燃料担当）の海軍大佐で、「戦艦大和沖縄突入作戦について」と題する一文を『水交』という雑誌に寄稿している。

昭和二十年三月二十日、連合艦隊の作戦命令が第二艦隊（旗艦《きかん》は大和）に発令された。この命令書の中には、たしかに「搭載燃料は片道とする」という文字はある。（七二頁）》

以下同書からの引用をさらに要約すると、小林大佐はこの命令を伝えに行く草鹿《くさか》中将にたのんで戦艦「大和」に乗り、松岡茂少佐に会い、燃料補給のことを小林（私）に一任してほしいと頼んだ。そして直ちに呉の鎮守府に行き、今井中佐（機関参謀）に会って頼んだのである。

『「おい今井君、今、貴様のところでは、帳簿外の重油は幾許《いくばく》あるか。私はもと海軍省軍需局に勤務して居た時、出師《すいし》準備計画を担当して居り、また軍令部参謀もして居たので、全海軍の重油タンクの状況はよく知って居る。呉鎮守府傘下は一番重油タンクが多いので、喞筒《パイプ》で引かれない油が相当沢山タンク内に残っている筈だ。これらの未報告の帳簿外の重油が四〜五万㌧はあると思っているが、どうか。無理かも知れないが、この帳簿外の重油の一部を俺にくれ、と云う。今井君は小林さん一体どうしたのですか、藪《やぶ》から棒のお話、訳がよく解りません。勿論、帳簿外の重油は相当量持って居ります。事情を説明して下さ

い……」(原文のママ)

そこで小林大佐は、「大和」を旗艦とする第二艦隊の沖縄突入作戦が決まるまでの経緯を詳しく説明し、言葉を継いでゆく。

「たとえ生還の算少なしとは云え、燃料は片道分だけしか渡さないと云うことは武人の情にあらず、往復の燃料を搭載して快く出撃せしめたい。今回無理を云って聯合《れんごう》艦隊参謀長に随行して来た私の目的は唯この一点だけである。聯合艦隊参謀と云う公職で頼むのではなく、小林大佐一個人の懇願なのだ」

今井中佐は快諾する。二人で実施方法をきめる。(七三頁—七四頁)』

このようにして、旗艦「大和」には四千トン、第二水雷戦隊の旗艦「矢矧」には千三百トンなど、合計一万四百七十五トンの重油が積み込まれた。その結果冬月以下の四艦は沖縄から呉に帰ることができたのであった。

神意と戦争

即ちこの片道特攻でない攻撃は、それによって多くの人命を救ったのであって、それは自分だけの「夢」の実現ではなく、多くの青年兵士や海軍士官等のこの世の命を〝引きのばした〃のである。こうして同年の八月十五日には終戦を迎え、太平洋での日米の死闘は終ったのであった。

勿論、戦争は神意によるものではない。このことは昭和七年一月十一日の神示『声字即《しょうじ》実相の神示』*にも明らかに示されている。

『（前略）今は過渡時代であるから、仮相《かりのすがた》の自壊作用として色々の出来事が突発する。日支の戦いはその序幕である。神が戦いをさせているのではない。迷いと迷いと相搏《あいう》って自壊するのだ。まだまだ烈《はげ》しいことが今後起るであろうともそれは迷いのケミカライゼーションであるから生命の実相をしっかり握って神に委《まか》せているものは何も恐るる所はない。』

戦争も災害も、病気も不幸も、そして又成功も失敗も、すべて仮に作られた現象界のドラマのようなものである。だから死も、失敗も、本当はナイのだ。アルのは実相世界、神の国、完全円満大調和があるのみである。

これを知ること、それを信ずることが何よりも大切であって、単に夢を描きさえすればよいというものではない。しかも自分が成功したり、自分の狭い名誉欲や物質欲、誇りやカッコよさだけを求める低い夢、はかない望みではない所まで進歩向上しなければならない。その求道《ぐどう》と救い（伝道）との中でこそ「無限力」が生き生きと、のびのびと展開されるのである。

時によると人は法律や命令に従わなければならないこともある。人を救おうとしても救えないことも起るだろう。自らを死に直面させ、身体を張って〝正義〟のため〝人道〟のため、愛を行ずる必要にせまられることもある。そのような時、〝特攻〟の命令に従っていさぎよく行動した人々もまた「国のため」という高い理想に生きた人々であって、肉体は死んでも、「いのちの生き通し」を体験するのである。

けれども、いたずらに死をおそれ、正義や義務を無視して、ひとのいのちの犠牲《ぎせい》のもとに生きのびる、それが夢を達成したということだと思っては大変な間違いだ。現代人には時々この誤解がある。同盟国の兵隊は死んでもいいが、わが国の兵隊は一人も殺してはいけない――という考えも、あまりに利己的ではないか。仲間のいのちも、自分のいのちと同じように大切である。憲法や安保条約に、どう書かれていようともそれに変わりはない。

そのためにはどんな「夢」を描いたらよいのか。それは単なる「夢」であってはならないのであり、「神の国」を描くことでなくては実現しない。それも数少ない人々が描くだけではなく、信ずるだけでも足りない。何故なら、全ての現象界は「心の総合的作品」であって、多くの人の心が神意にまで高まっていなければならないからである。つまり「神の国」の実在を信じ、それを日々心に描き観《み》るところの「神想観」のできる人、実行する人々の数が、圧倒的に拡大して行かなくてはならないのである。

その「理想」、この「理想世界実現」のために、吾々は小さな善、小さな愛行の実行をおろそかにしてはならない。私のささやかな体験からしても、カンカラを一つ拾うだけでも、それを続けて行ううちに、一つが、二つになり、三つ、四つとふえ、十、百、千……と、いくらでもふえて行く「よろこび」を味わうことができるし、現実にキレイになってゆくのである。

天下無敵

そしてそのことは、動植物のいのちを救う実行へと、確実につながって行く。その一つ一つは小さな行為かもしれない。しかしその「小」が「大」へと展開するのだ。青年はとかく「小」を軽んじて、「大」のみにあこがれ夢みる。しかし「小」は「大」であり、「大」もまた「小」なのである。

さらに「自他一如《いちによ》」を忘れることもあるかも知れない。しかし他者などはナイのだ。『天下無敵となる祈り』（『聖経版 真理の吟唱』＊ 九五頁）にはこう書かれている。

『（前略）私は今この自他一体の真理を自覚するがゆえに、天下にひとりの敵も存在しないことを知るのである。それゆえに私は天下無敵であるのである。神においてすべての存在と一体であることを私は自覚するが故に、私はすべての人を愛さずにはいられないのである。（中略）すべての人々の生命がわが生命と一体であるだけではなく、すべての動物・植物の生命とも私は一体であるから、すべての動物・植物に対しても私は愛を感ずるのである。それゆえにいかなる動物からも害されることはないのである……』

＊谷口雅春大聖師＝生長の家創始者。昭和六十年、満九十一歳で昇天。
＊「夢を描け」＝『生命の讃歌』『新版 ひかりの語録』『生命の實相』（頭注版第20巻）に収録されている。谷口雅春著。（日本教文社刊）
＊『声字即実相の神示』＝谷口雅春大聖師が昭和七年に霊感を得て書かれた言葉で、この神示の全文は『新編 聖光録』又は『御守護 神示集』に収録されている。（日本教文社刊）
＊『聖経版 真理の吟唱』＝谷口雅春著。霊感によって受けた真理の啓示を、朗読しやすいリズムをもった文体で書かれた〝真理を唱える文章〟集。（日本教文社刊）

4 「人間関係」について

父母と子供

そもそも人間とは「人の間」と書くが、人間をニンゲンと読む時と、ジンカンと読んだ時とは少し意味がちがう。ジンカンの時は、「人の世」とか「世の中」の意味で、文字通り人びとの世界のことをいう。さらに仏教では人間界（人の住む世界）のことで、「間」という字は「仲間」の意味である。

つまり人は独《ひと》りで生きて行くことはできず、必ず仲間がいたり、世間があったりする。わかりやすい例でいうと、人が生まれてくるためには、どうしても父と母がなくてはならない。するとそこに人間関係が生まれてくるのである。だから「人間関係」がうまく行くのと、そうでないのとでは、その人の運命がとても違ってくる。

そこで人間関係がうまく行ってスムーズに運ぶためには、先ず「父母に感謝する心」が大切になる。そして〝赤ちゃん〟はみな父母をしたい、父母の教えてくれることを素直に学ぶ。最初から父母に反抗したり、父母をブンなぐる赤ちゃんはいない。そうした赤ちゃんの心が、そのままスーッと育って行くと、大変たのしく幸せな人生が出来上がる。それがどうして何時の間《いつのま》にか「反抗」や「憎悪《ぞうお》」にまで変わってくるのだろうか……

そもそも人間は「肉体」だけのものではない。「肉体」は主に父母によって作られた「道具」であり、乗り物のようなもので、その道具を〝魂〟が使うのである。丁度父母から自転車やオートバイを買ってもらったようなものだ。そういった機械の場合はハッキリと「もらった」と分かるが、肉体の場合は、よく分からないかも知れない。何しろお母さんのお腹《なか》の中で、とても小さな精子と卵子から作られて行ったからである。

だからその肉体は、主に父と母とが作ってくれたとも言えるが、それは「肉体」のことだ。ところが人の魂はそれ以前からずっと「生き通しのいのち」として、生き続けてきた人間の「本体」である。そうでなくて、いのちまでもその時父母が作ったとすると、まるで父母の所有物となってしまい、父母が自由に売ったり買ったり処分したり、時には踏んづけたりしてもよいことになるだろう。そんなことを法律で禁止しているのは、人間を

「肉体」としてではなく、「魂」として、一個の立派な人格として認めているからである。それをどの国でも、いつの間にか自然に認めてしまっているところに、法律や道徳をきめた人たちも、「肉体」そのものが「人間」とは断定できなかった、ということになるだろう。

聖経にはどうあるか

さらに又、父母がいのちまで作ったのなら、人は「生き通しのいのち」ではなく、父母によって作られたものとなり、大変短いいのちになってしまう。というのは「肉体」は百年くらいで消えてなくなってしまうから、あとにはいのちも何も残らない。肉体の残骸がちょっと残るだけ、となるからである。

しかし『甘露の法雨』という「生長の家」の経典には、あなたの魂（霊）が「肉体を作った」と書いてある。即ち、そのおしまいの部分に、

『（前略）人間真性《そのもの》はこれ神人《しんじん》、
永遠不壊不滅《ふえふめつ》の霊体《れいたい》にして
物質をもって造り固めたる機械にあらず、
また物質が先《ま》ず存《そん》してそれに霊が宿《やど》りたるものにもあらず、

斯《か》くの如《ごと》き二《に》元論《げんろん》は悉《ことごと》く誤《あやま》れり。
物質は却《かえ》ってこれ霊の影、心の産物なること、
恰《あたか》も繭《まゆ》が先ず存在して蚕《かいこ》がその中に宿るには非《あら》ずして、
蚕が先《ま》ず糸を吐《は》きて繭を作り
繭の中にみずから蚕が宿るが如し。（後略）』

と示されている。つまり繭という肉体は、蚕が作った道具であるということで、〝父母〟はどこにも出て来ない。それは譬《たと》え話だから、〝父母〟抜きで蚕（子供）自身がその肉体を作ったのだということが記されているのだ。しかし前に何回も述べたように、子供（赤ん坊）が独りで生きているのではなく、父母がなくては生きて生まれては来ない。だから人間の場合は、その肉体は父母と子供とが、共同して作ったということになるだろう。

これは科学的に言っても、父母の遺伝子が子供の体内に伝わっているし、そうかといって子供独自の遺伝子もありうる。それはずっと昔のご祖先からの遺伝子であることが多い。というのは父母もまた、そのご祖先からの肉体をもって生まれて来たからだ。さらに親子の間には魂の類似性があり、「業《ごう》」もまた似ているから、お互いに親子となって生まれるからである。

こうして「肉体」を使って魂（霊）は地上生活を行うから、決して独りで生きているのではなく、父母やご祖先と共に生活するともいえる。そして父母に子供が沢山生まれると、その兄弟姉妹とも、共に生活するから、この親しい人間関係を大切にして、お互いに感謝し合って暮らすことが、とても大切だということになる。

さらにまた兄弟姉妹ばかりではなく、やがて友人や親戚とも助け合って生きて行く。そしてお互いに学び合ったり、先生や先輩や後輩からも助けられることが一杯出てくる。それは聖経『天使の言葉』の中に書かれているように、

『（前略）汝《なんじ》ら億兆《おくちょう》の個霊《みたま》も、
悉《ことごと》くこれ唯一神霊《ゆいいつしんれい》の反映《うつし》なることを知れ。
喩《たと》えば此処《ここ》に一個の物体の周囲《まわり》に百万の鏡を按《お》きて
これに相対《あいたい》せしむれば一個もまた百万の姿を現《げん》ぜん。（中略）
これを汝ら互《たがい》に兄弟なりと云《い》う。
すべての生命《いのち》を互に兄弟なりと知り、
すべての生命《いのち》を互に姉妹なりと知り、
分《わか》ち難《がた》くすべての生命《いのち》が一体なることを知り、

神をすべての生命《いのち》の父なりと知れば、
汝らの内《うち》おのずから愛と讃嘆《さんたん》の心湧《わ》き起《おこ》らん。（後略）』

とあるように、多くの人々が、民族や人種のちがいを超えて、愛し合い、讃嘆し合って生活することになる。これくらい楽しくすばらしい「人間関係」はないと言えるであろう。

明るい行動

そこで友達同士はもちろんのこと、お互いに美点を見て感謝し合い、助け合うことが大切だ。ケータイで一部の限られた人とだけ話し合い、見知らぬ人には知らん顔で、すこしも手助けをしてあげないというのでは、やがて友だちもバラバラになり、お互いに争い合ったり、いじめたり、いじめられたりの苦しい関係になってしまう。

だから世の中の出来事の良い所や、美しい所、深切な行いなどを、どしどし見出して、感謝し合うたのしい人生を送って行こう。

例えば次のような新聞投書がのっていた。先ず平成十三年一月十九日の『読売新聞』には、埼玉県上尾《あげお》市の中島重陽君（中学生・十三歳）のもので――

『風の強い日、駅のホームで、忘れられない光景に出合った。電車を降りて階段を上ろうとしていた時、停車している電車から、眼鏡をかけた大学生ぐらいの男性があわてて飛び降りてきた。僕は「寝過ごしたな」と思った。

だが、次の瞬間、「おじいさーん、帽子忘れましたよ」と僕のそばのおじいさんに帽子を手渡した。そして、その青年はまた電車に飛び乗ったので、閉まるドアに挟《はさ》まれそうになっていた。

おじいさんは電車の窓の所に行き、頭を下げながら「ありがとう、ありがとう」と何度も言っていた。その青年も手を振り、照れくさそうに笑った。

僕は「何ていい人なんだ」と思った。何だか心が温かくなった。その場にいた人もみんな、そう思っただろう。

成人式でクラッカーをならしたりする人もいるけど、僕はそんな大人にはなりたくない。あの青年のような人になりたい、そう思った。』

こうして大学生さんのとっさの深切な行いが、この中学生の心に、すばらしい印象を与え、「あの青年のようになりたい」と思わせたのだ。一方成人式の日にクラッカー(バクチク)を市長さんにぶっつけて騒いだような成人にはなりたくない――と言うのだから、この少年はきっと明るく深切な人になり、国家社会につくして下さるに違いないのである。

人は心の中では「深切な、よい思い」を持っていても、ただじっと胸の中にためこんでいるだけでは役に立たない。こうしてコトバで表現したり、発表したり、人に話したりして「行動する」ことが大切なのだ。信仰心でも、自分ひとりで、じっと胸の中にしまっておくのではなく、どんな人にでもよいから、良いことを何か話したり、集会にさそったりしてみると、さらに美しい「人間関係」が大きくひろがって行くのである。

人々のために尽す

さらにもう一つ、平成十三年一月十八日の『産経新聞』には、神奈川県小田原市の高校生、金澤里美さん（十七歳）の、こんな投書がのっていた――

『先日、私が習い事の帰りに乗った電車は、車内清掃・点検をしたばかりのきれいな電車で、しばらく停車しているものだった。

私が座って少しすると、私の向かい側の席に六十代くらいの男性が座った。

その男性は、手にもっていたカバンからパンを取り出して食べ始め、終わると、私ぐらいしかみてないせいか、ためらいもせず、その包装をイスの下に落とした。

そして、空《あ》いている他の席に移り、何事もなかったかのような顔をして座っていた。ドアから吹き込む風で包装があちらこちらと飛び回っているのも気にせずに……。

私も以前は、ポイ捨てをしていた一人だ。だけど、学校のクラブ活動で、いろいろな所の清掃をする機会が増えた関係で、ポイ捨てをしなくなった。こんなふうに拾っている人もいるんだ、と気付いたからだ。

ほんの少しのゴミも、捨てる人が多ければ、とんでもない量になる。一人ひとりのちょっとした心遣いで、みんなが気持ち良く過ごせるということを知ってほしい。』

この高校生は、大人の男性の「ポイ捨て」を見て、自分がポイ捨てをやめたのは、クラブ活動で掃除をしたからだと回想している。ポイ捨ての大人も知らん顔をして、わざわざ別の席に移動したというから、自分のやったポイ捨ての現場から離れたかったのだろう。それはインチキ行為だが、少しは良心のとがめを感じたのかも知れない。そしてこの高校生が、そのポイ捨てをどう始末したのか、そのままにしたのかは書いてなかったが、多分下車する前に、それを拾っておいた……と考えると、なお一層気持がよくなる。

人はどうしても、自分はポイ捨てをしないでも、他人のしたものは、キタナイ気持がして、拾わないものだ。しかしよく考えると、そんなにキタナイものではない。たとい口をつけたカンカラでも、それで何か病気がうつるわけではないし、かえって手を洗う習慣もつくだろう。外出から帰ったら手を洗い、うがいをするのも、健康には大変役立つものだ。

さらに又民族と民族との差別や偏見も、善い行いをしているといつの間にか消えて行く。平成十三年一月五日の『毎日新聞』には、東京都国分寺市に住む中学生・岡本淳子さん(十五歳)のこんな投書がのっていた。

『この前、「黒人男性が日本で職を探す」というテレビ番組を見てとても驚きました。その人は日本に14年いて、ある程度日本語が話せます。日本で暮らすために必死でいろいろな会社に電話をしていました。真剣さを訴えているのにもかかわらず、会社の方は外国人であると知った途端に断るのです。面接ができる段階まで行っても、その男性が黒人だと分かると断るのです。

また、雇《やと》ってもいいが、日本人よりも劣っているから給料が少ない、などと言う会社もありました。なぜ、外国人だと駄目なのでしょうか。なぜ、黒人だと駄目なのでしょうか。日本がこんなに差別の激しい国と知って本当に悲しくなりました。

国際化が進んでいる今、日本は島国根性のままではいけないと思います。このままだと日本は国際社会から後れをとってしまいます。世界の人々が共に手を取り合って生きていける社会をつくるべきだと思います。第一、心に国境はいらないのだから……。』

さらに平成十三年の一月二十六日の夜、ＪＲ新大久保駅で、線路に落ちた男性を助けようとして、韓国人の留学生、李秀賢《イスヒヨン》さん（二六）と、もう一人の日本人カメラマン関根史郎さん（四七）の二人が、酒によって落ちた男性と共に電車に轢《ひ》かれて死亡した事件が起った。このように一身《いっしん》を省《かえり》みず人助けをする人たちの記事を読むと、国籍がどのようであっても、感動的な人間関係だったと言うことが出来るし、韓国内でも大きく報道されたようである。秀賢さんは釜山で育ち、高麗大学で学んだ後、平成十二年一月に貿易の仕事をしようと思って、日本へ語学留学をしたということだ。

今は日本国が鎖国しているわけではなく、色々の人種や国籍の人との間にも「人間関係」ができている。それが良い関係か悪い関係かでは、ずいぶん違いが出てくるし、「愛国心」が傷つくこともある。しかし「愛国心」は誰でも持っているし、それは大変美しい心だ。だからその心を大切にしながら、他国の人や他民族の人びとともに仲のよい人間関係を作ることは、どちらも良い行いであり、それぞれの国のためにもなるすばらしい行為だと言うことができるのである。

四、深切は楽しいね

1　深切は楽しいよ

人か荷物か

人は誰でも、他人から深切（親切）にされると、うれしいものだ。そこできっと「ありがとう」とか「すみません」とかと、お礼を言うだろう。一言でもお礼を言われたり、うれしそうな表情をされるだけでも、深切した人もうれしくなる。だから両方ともうれしくて、こんな結構なことはないのである。

しかし時には、深切にされても、無表情で反応しなかったり、かえって拒絶されたりすることもある。すると例えば車内で深切なつもりで席をゆずっても、何となく割り切れない気持で、もう座席なんかゆずらないで「眠ったふりをしよう」と思う人も出てくる。だからこういう時は、とにかく感謝して、その深切をうける方が、喜びが拡《ひろ》がっていって楽しいのだ。

こんな場合でなくても、電車やバスの中では、ちょっとしたことで人によろこんでもらうことができる。こんだ通路を通るとき、ちょっと道をあけてあげるだけでもよい。平成十二年六月二十九日の『産経新聞』には、和歌山県海南市の岡本久仁子さんという高校生の投書がのっていた。

『私は普段、自転車で学校に通いますが、雨の日はバスを利用しています。

私が乗り込むころには、同じ学校の生徒と駅に向かう一般の乗客で、すでに満員です。立っているスペースも満足にありません。それはみんな同じで、仕方がないことです。

しかし、二人用の席で荷物を自分の隣の席に置いて、一人で二人分を占有している人がいるのには、我慢できません。だれか一人でも座れると、その分広くなって助かるのに。なぜそんなことができないのか分かりません。

それにお年寄りが乗ってきても、座っているだれ一人として席を譲ろうとしません。バスは激しく揺れるので、

「怖いから、つかまらせて」と言って、真横にお年寄りが立っても、構わずに目を閉じて気づかぬふりをしている人もいます。私の上級生のような気がします。けれど、一年生の

私は上級生には何も言えません。

一人ひとりが気配りをすれば、バスはもっと利用しやすくなると思うのですが…。』

このような自分の荷物を大切にして、他人から座席を奪っている人を見かけることがあるし、〝年寄り無視〟の若者もいるのはとても残念な光景だ。ちょっと荷物をひざの上か網棚にのせれば、それだけでも深切をしたことになる。やさしいことで、たのしくその一日をすごせるのに、実行しないのは何故《なぜ》だろうか。

因果の法則

さらに又、同紙の六月二十三日号には、こんな投書ものっていた。東京都世田谷区に住む本間尚代さんのご意見だが、

『車で停止中、別な車に当て逃げされ、左半身が不自由になり五年がたちました。加害者は不起訴、そのうえ私は債務不存在確認で被告にされていること、だれも信じてくれません。不自由な体なため左足首をたびたび痛め、いまは強度のねんざのためつえが離せなくなりました。

病院に通うためタクシーを利用しようと思っても、つえをついた私の姿を見ては面倒に

思うのか、二台も三台も行き過ぎてしまいます。止まってくれる車は、たいてい車イスの印が付いた車で、雨の日など地獄に仏と思わず手を合わせてしまいます。

ある年の雪の降っている夜、駅前で長いこと立ちつくし、雪だるまのようになっている私の前に、一台のタクシーが止まってくれました。ホッとして車に近づこうとしますと、成人式帰りらしい振りそで姿の二人連れが反対側から走ってきて乗り込み、運転手と三人で笑いながら行ってしまったことは忘れられません。

躾（しつけ）もされず、思いやりの心を持たずに成人した二人。不自由な身にされて分かったことは、情けないかな、障害者は人ではなく邪魔な物、やっかいな物として扱われているという悲しい現実でした。（煎茶道教授）』

これらの人たちも、もう少し周囲の人に心を向けて、深切にしてあげたらよかったのに、おしいことをしたと思う。この世には「因縁果《いんえんか》の法則」つまり「因果律《いんがりつ》」「業の法則」があって、これは確実にいつか結果を出してくれると繰返しのべた通りである。だから一時多少の不便をしのいでも、困っている人などに深切なお手伝いをしてあげると、その善行は必ずいつか何倍にもなって返ってくるものだ。

「与えよ、さらば与えられん」

という「心の法則」でもあり、人助けは、自分助けでもある。さらに喜びを社会全般にふりまく行為であるから、目先の利害損得を超えている。タクシーの運転手さんには、誰でも乗りたい希望の人はのせてあげるというのが当然求められているから、故障や車庫入りの場合でないかぎり、その「当り前」をしてあげれば、それだけでも「深切をする」ことになるだろう。

深切をするには特別の技も、熟練も必要ではない。時によると「お早う」とあいさつするだけでも深切になる。向こうが呼びかけて「お早う」という前にでも、気付いた方が言うのが気持よい。相手が上役だろうが、下役だろうが、大人だろうが子供だろうが、そんなことはどうでもよいのである。

使命感

人がこの世に生まれて来るのが一人ではなく、多くの人々が皆で生きているということは、これら多くの人々に、とても大切な役目があるからだ。それは一人でコツコツと道を求めたり、学んだりするのではなく、他の多くの人々との交わりの中で、お互いに教えたり、教えられたりするからだ。この原則を、前にも引用したように『天使の言葉』の中には、次のように示されている。

『(前略）汝《なんじ》らの先《ま》ず悟《さと》らざるべからざる真理は、

「我《われ》」の本体がすべて神なることなり。

汝ら億兆《おくちょう》の個霊《みたま》も、

悉《ことごと》くこれ唯一神霊《ゆいいつしんれい》の反映《うつし》なることを知れ。

喩《たと》えば此処《ここ》に一個の物体の周囲《まわり》に百万の鏡を按《お》きて

これに相対《あいたい》せしむれば一個もまた百万の姿を現《げん》ぜん。（後略）』

つまり他人はどこにもいない。皆「神」の反映《うつし》であるから、他人にする深切は自分にしている善行だ。だからたのしく、うれしいのである。と同時に、多くの人々のお互いにやっている生活のあり方や、職業上のやりとりでも、皆自分に何かを教えてくれている「劇」のようなもので、大切な〝先生たち〟である。

だからもしあなたがお医者さんにかかることがあっても、何かを教えてくれている人だと思った方がよい。警察官でも、タクシーの運転手さんでも、道路を歩いている通行人でも、皆何かを教えてくれ、見せてくれている。間違ったことをしている人は、「こういうことをするなよ」と教えているのだ。

もちろん、すばらしい人間の使命を教えてくれる人もいる。平成十二年七月一日の『読売新聞』には、東京都武蔵野市に住んでおられる赤柴文子さんのこんな体験がのせられていた。

『医療ミスが報じられるたび、なぜ、単純なミスで人命が失われるのかと思う。医療ミスの記事を読みながら思い出されるのは、三十年ほど前、主人の急病に駆け付けて下さった開業医の先生がおっしゃった「使命感」という言葉だ。

当時は神奈川県に住んでいた。主人は突然の激しい腹痛をおこし、開業医の先生の往診を受けると、「尿管結石《にょうかんけっせき》」とのことだった。帰り際《ぎわ》に先生は「また、痛んだら夜中でも電話を下さい。すぐ来ますから」と言われた。

案の定《じょう》、深夜に再び激痛に襲われた。真冬の寒い夜更《よふ》けに、いくら何でもとためらったが、痛みは増すばかり。とうとう電話をとった。電話口からは「主人も人間ですから……」という先生の奥さまの声。無理もないことと思い、受話器を置こうとした時、「すぐ行きます」という先生の声が聞こえた。

駆け付けて下さった先生は「私は医者としての使命感がありますから、心配しないで下さい。でも、家内にはそれがないので何とも……」と言われた。

手当てをしていただくと、いてつく星空の下を再び自転車に乗って帰って行かれた。その後ろ姿に深々と頭を下げ、涙で見送った。

あの夜のことは今も忘れられない。思い出すたびに、先生の言われた「使命感」という言葉がますます重みを増してよみがえってくる。医療に携《たずさ》わる人すべてが胸にしまっておかねばならない大切な言葉だと思う。』

椅子《いす》のコトバ

これはとても深切な、よいお医者さんだったというほかはない。全ての医師がこのような使命感を持って仕事に当たって下されば、たしかに世の中はすばらしく明るい〝極楽世界〟になるだろう。医師や看護婦さんばかりではなく、学校の先生でも、商売人でも、政治家でも、公務員でも、誰でもそうだ。

まともな仕事をしている人たちは、みな何かの使命を感じているわけだから、それは自分が金持になるとか、楽をしたいというだけではない。必ず他人や社会に対してよいことをし、深切をし、よい国づくりをしようという愛の心であり、使命感があるにちがいない。

その心が人間の本心であり、その心が深切をするのであり、神の愛、仏の慈悲と呼ばれるものである。この心は全ての人にあるから、深切な人々の姿を見たり聞いたりすると、感動する。そして感動するなら、少しでもそれに似たような善い行いをやるとよい。一ぺんにはできなくても、やりやすい所からやって行くと、次第に難しいことも出来るようになる。

だから、「とても私にはできない」などと、やらないうちからあきらめてはいけない。難しい音楽を聞いて、すばらしいな、自分もこんな美しい曲がひきたいな――と思っても、やはり練習しないとできない。その練習も、やさしい所からやり出すのだ。一ぺんには難しい曲が弾けなくても、やさしい練習曲からやって行くと、だんだんできるようになる。深切行だって、愛行だって、その極致は「神の愛」だから、それは今すぐやれないかもしれない。しかしちょっとした深切なら、必ずできる。そのやさしい深切、笑顔やあいさつ、そして簡単なお礼のことば、交通信号を守ること、そんなことからやれば、だんだんできるようになるものだ。

電車などの座席に自分の荷物を置かないこと、二人分の座席を占領しないこと、そんなことは、今すぐにでもできる。カンカラを一つ拾うのだってできる。ただ「はずかしい」

とか言ってやらない人もいるが、〝ごまかし〟や〝ねたふり〟をする方が、よほどはずかしいのではないだろうか。

夏目漱石氏の『吾輩《わがはい》は猫である』という有名な小説がある。読んだ人も多いと思うが、

『吾輩は猫である。名前はまだ無い。

どこで生れたかとんと見当がつかぬ……』

という書き出しで、猫がその見たり聞いたりした猫や人間の生活を書いている面白い形式の小説だ。この「猫」君は中学校の英語教師である苦沙弥《くしゃみ》先生宅に飼われていて、先生宅に集まる人たちの物語だが、同じように、人間でない〝物〟の観察意見を書いた投書が目についた。平成十二年六月二十一日の『産経新聞』にのった森本茂さん（大阪市西区）の一文だが、

『「本日はご乗車ありがとうございます」

私は電車の座席です。できるだけ多くのお客さまを目的地に着くまで、ゆったり快適にしていただけるようにするのが仕事です。毎日、いろいろな形のおしりと接しています。

窓の外を眺めるのに、履《は》いたままの靴を私の顔にこすりつけてくるお子さまや、ドスンと腰を落としてばねをきしませる方など、悲鳴を上げそうな日もあります。

最近、気になることがあって、少し心を痛めています。それは、荷物も一緒に座らせて、知らん顔を決め込むお客さまがいらっしゃることです。バッグや紙袋はひざの上か足元、または網棚に置いていただきたいのに、前に他の人が立っていてもお構いなしです。

ご自分を大切になさるなら、周《まわ》りの人のことも思いやり、いたわってほしいものです。それに、こういう方を親として、背中を見て育っているお子さまがいらっしゃるとしたら、何か背筋の寒くなる思いがいたします。(自営業)』

このご意見の椅子さんは、中々立派な「お椅子さん」であって、幼い子は、この「お椅子さん」の背中を見て、育ってもらいたいものだが、車体に取りつけてある椅子の背中は、「見えない」かもしれない……

人間には「見えない所」(神の国)を見る練習も、大変必要なことではないだろうか。

2　受ける心と、与える心

プラスとマイナス

外国人は日本に来て、驚くことが沢山あるようだ。物質的には高いビルもあり、電車やバスもよく出来ているが、ラッシュ・アワーの時のあの混雑には驚くらしい。ところが車の中がある程度空いていて、人が何人か立っているような時、座席でねむっている人がいる。それが青年や少年少女であったりする。もっと幼い子供が、平気でさわいだり、話したりして、座席を占領しているから、驚いてしまうのだ。

多くの国では、若い者は年よりや大人《おとな》や、身体の具合がわるそうな人、妊婦さんなどには、席をゆずるのが普通の習慣だが、日本ではそうなっていない。これはもっと幼いころから、子供に席を与え、母親の方が立っていたりする人が沢山いて、そのクセがついているからであろう。学校で「人間は平等である」などと教えられると、それを何でも「権利」と心得て、「先に来て坐ったんだから、文句をいうな」と思うのかも知れないが、「思いやり」とか「深切な心」の大切さを教えられていないと、こんな状態になってしまうのである。

そんな時でも、ちゃんとした中高生などもいて、席をゆずってくれることがある。私も山手線に乗った時、若い娘さんに席をゆずられたことがあった。私は「どうもありがとう」とお礼を言って、ニコニコしてその席に坐ったものだ。

時には老人でも、

「いいです。私は元気ですから」

と断る人もいるが、席をゆずる人は、坐ってもらった方がうれしいのだ。折角の好意を無視されたり拒絶されたようで、味気ない思いがする。このような時、与える人と受ける人との心が一致すると、よい感じの社会がつくられて行く。それは与える人と受ける人が両方あるからであって、何でも「受けること」ばかり考えたり、「与えること」ばかりに熱中していると、うまく行かないのは、当然のことだろう。

それは電池にも、プラスの電極とマイナスの電極があるようなもので、どちらか一方だけしかないと、電池は作用しない。一日のうちにも昼があり、夜がある。昼働いて、夜休むのが当り前だが、昼ばかりで働きづめでは身体がもたない。夜ばかりで休み続けていても、退屈していやになってしまうものだ。

神の法則

そしてこの原理はあらゆる所に通用する〝法則〟だから、陰陽の原理、火と水の法則、即ち「火水（かみ）」という。神というと宗教的な対象と思い込む人もいるが、実は天地にみちあふれている「法則」も神なのである。

吾々の生活もこの法則に従っていないと、いたる所で不調和や不自然なことが起ってきて、行き詰ったり、失敗したりする。ところが人はとかく「もらう」ことや「受けること」ばかり考えて、とかく「あたえる」ことをおろそかにする。「こうしてもらいたい、ああしてもらいたい……」を連発するが、これでは与えてばかりいる人たちがいなければならなくなるだろう。

「それが親や大人たちだ」

と思うと大間違いで、これでは先に例にあげたように、いつも座席に坐らせてもらって、食べさせてもらっているような青少年となり、社会のヤッカイ者に育つだけだ。やがては権利ばかりを主張して、国や社会への義務をつくさない大人になり下がるのである。

そこで吾々は若いころから、受ける心と与える心とを、共に訓練して行かなくてはならない。野球にもピッチャーがいて、キャッチャーがいる。共に大切な働きをするのであって、キャッチャーだけでは勝負にならない。学習だって皆そうだ。聞いたり読んだりするだけではなく、自分の意見をまとめて発表する力、話して理解させる力を養わなければならない。受けて、聞いて、書きとめて憶《おぼ》えるだけではダメなのである。

しかしまだ幼いころは、教えてもらって、素直にその通りを実行するということも大切だ。昔は徒弟《とてい》奉公といって、師匠の内弟子《うちでし》となり、その先生の家に住み込んで、マキを割ったり、掃除をしたり、走り使いをしたりして、なかなか習いたい仕事をやらせてもらえなかったものである。これは、まず「与える心」の訓練をさせられたからだ。すると「受ける心」がもり上がってくる。丁度お腹がペコペコに空いたような状態で、こうなると、何を食べてもおいしくなり、身についてくるのだ。

ところが今はどうかというと、あれがほしいというと、すぐ与えられる。のどがかわいた、ジュースがのみたいというと、いたる所にカン・ジュースを売っている。小遣銭もジャラジャラあるとなると、もらってばかりいて、食物でも物でも使い捨てにして平気でいるようになる。こうしていたる所に空きカンや弁当くずや食べ残しを捨ててしまい、「あとの掃除は、誰かやるだろう」ですませてしまう。こんなことをしていて、一体世の中がきれいになり、美しい国造りができるだろうか。こういう人たちは、一見《いっけん》豊かそうだが、その心は「もらう専門家」だから乞食《こじき》のようなものだ。このような青少年が大人になると、自分の義務を果さず、税金を払うという義務をごまかしたり、権利ばかりを主張するようになる。権利どころか「多すぎる接待」まで要求する愚《おろ》かな大人たちが、沢山受けた〝教育〟のおかげで、しばらくはいばりちらし、ワイロをもらったり、税金のムダ遣いをするのである。

何が与えられるか

こんな大人たちにならぬように、子供のうちから、「してもらう」ことばかりを考えないで、「してあげたい」と思う心を養わなければならない。「与える心」は、ずっと後になってから出せばよいなどと思ってはいけない。「うける心」も大切だが「与える者」がなければ、受けられない。そして「与える者」になるためには、その力を、幼いうちから訓練する必要があるのだ。その代り、「してあげたい」という与える人からの深切は、気持よく受けることも、練習しておく必要がある。

では幼い子供たちに、一体どんなことができるだろうか。大人にしてあげられることといえば、何だろう？　前にものべた朝のあいさつだ。朝起きて、父や母や兄弟姉妹に、明るい声で、

「おはよう」

とあいさつをする。すると父母はよろこんで下さるし、兄弟姉妹も、きっとあかるいあいさつを返してくれるだろう。それもムツカシイ顔付きでやるのでは効果がない。ニコニコ顔でやる。しかもこのニコニコ顔は、誰にでもできる。

「やったことがないよ、ムツカシイ……」

いや、そんなことはない。人はみな、生まれて来た赤ん坊の時から、大人を見て、ニコッと笑ったものだ。すると父や母は、とても喜んで下さった。兄姉も、近所の人もみな喜んで下さったけれども、笑った本人は、まだよく知らなかっただけである。父母は、君たちが生まれた時、指が五本ついている、合わせて十本ちゃんとあるといって、喜んで下さった。赤ちゃんは父母に喜びを与えたのである。つまり生まれただけで、人に喜びを与

えた。当り前であることが、善なのである。笑ったり、あいさつすることが世の中に喜びを与える。その「与える心」をいつまでも失わないようにするには、やはりその練習を続けて行かなくてはならない。それは、空気を吸って、それをはき出すことを、いつまでも根気よく続けて行くようなものである。

ところが残念なことに、「近頃の青年はあいさつをしない」という話が伝わってくる。その上、何かを聞かれても、返事もしない。例えば多勢《おおぜい》の人々の中で自分の名前を呼ばれても、返事をしないでノソッと出て行くだけだ。そして黙ったままで聞いていて、何かもらって、そのままノソッと出て行ってしまう……

この無言と、無表情とが、社会をひどく冷たくし、不快なものにする。だから道で人にぶつかっても、何のあいさつもない。大きな荷物が相手に当たっても、「失礼」とも「ごめんなさい」とも言わない人が多くなった。時にはせまい道を横に一列になって仲間同士が歩いて来る。こちらから歩いて行った人に、道をゆずらない。道ぐらい少し「与えてくれ」てもよさそうだが「与えない」ので、相手がわきに寄ってくれるのを、黙って「もらう」だけである——

善業の功徳

ところが中には、深切な中学生もいる。平成十年三月二十五日の『産経新聞』には、こんな投書がのっていた。

『

福岡永里子 36
(東京都葛飾区)

先日、上京してきた叔母と二人で、伊豆・河津の桜まつりへ出かけた。

早咲きの桜で、もうすでに盛りは過ぎていたが、ソメイヨシノとはまた違った濃いめの美しい色を愛(め)でることができた。

河津川づたいに桜並木を散策していると、向こう側から中学生らしき少年二人が歩いてくるのが見えた。平日なので下校の途中なのだろう。そのうちの一人の少年が、すれ違いざまに「こんにちは」と明るい声であいさつしてくれた。

予期せぬあいさつにうれしさと戸惑いを覚えたが、私もすかさず「こんにちは」とこたえて、「カメラのシャッターを押してもらえますか」と頼んだ。

この中学生とこのまま別れてしまうのが惜しくなったのだ。

少年は快《こころよ》くシャッターを押してくれ、カメラを返しながら「どうぞ楽しんで、よい旅行をしてください」とにこやかに言った。

この一言に、心のなかに河津桜の色と同じようなほのぼのとしたものが広がっていくのを感じた。胸の名札には「河津中学校」とあった。中学生が世を騒がすときの一服の清涼剤、本当にありがとう。(自由業)』

生長の家の練成会などは、このような「明るいあいさつ」と「与える心」の実行現場である。だから初めて参加すると、受付で「ありがとうございます」とあいさつされて、びっくりする人もいる。何もやっていないのに、何がありがたいのか——と思うらしい。

しかし、「参加してくれた」ことだけで、ありがたいのだ。誰も来てくれなかったら、こんな淋《さび》しいことはない。だから一人でも、二人でも連れて来てくれたら、とてもありがたい。こうして「ありがとう」がスラスラ出るように練習すると、青年たちの笑顔がきれいになり、あいさつが気持よくできるようになる。するとどんな職場で働いても、その店や会社を繁栄させるのだ。

例えば店員さんが、入ってくる人や出て行く人にはみなあかるく、

「ありがとうございました」

とあいさつをしてごらんなさい。入って、品物を見てくれただけでも有難い。この世の中は、時間がずっと続いている現象界だから、今は買わなくても、次に又その店に来て買おうという気になるかもしれない。あの店は、見るだけでも「ありがとう」と気持よくあいさつをしてくれた。そんな記憶がある人は、又次の機会に買いに来てくれるのだ。

それに反して、ブスッとして、無言で見送る店員さんの店には、又来る気になれないから、その店は次第に衰えて行く。時々公務員が、自分の受持ちの人に、ちっとも深切な応対をしないという話も聞くが、これではその公務員はやがて転落する外《ほか》はなくなるだろう。何故なら、この世では、

「与えれば、与えられる」

「善因が善果を生む」

からである。さらにこの世を終って次の世に行っても、前の世でやった善い事は、ちょうど沢山の貯蓄をしたようなもので、その善業の功徳《くどく》に次の世ではさらにベラボーな利子がついて、幸せな報いをうけることになるのである。

あなたはこのような「業の法則」をもう知っているだろう。これを仏教では「三時業《さんじごう》」という。つまり「この世」と「次の世」（次生《じしょう》）と「その次からの世」（後生《ごしょう》）との三つの

時期にまたがる「原因結果の法則」のことだ。ところが「受けること」ばかりを考えていると、やがてその「業の貯金」がマイナスに変わり、どうしても受けられず、どうしても何かをしてあげなければならないような、特別苦しい環境に追い立てられて行く。だからもういいかげんで、

「こうしてもらいたい、ああしてもらいたい」

は卒業して、

「ああしてあげたい、こうして幸せになってもらいたい」

という愛行や伝道に進んで行かなくてはならない。ことに人々を正しい教えにさそうことは、何万円をあげることよりも、とても大きな「善い行い」になるものだ。つまり、次から次へと「三時業」が善くなって行き、幸せが山ほど来るようになるのである。

3　幸福になるには

助け合う

人は誰でも、はじめは自分の幸福ばかり求めようとするが、やがてそれでは幸せになれないことに気付くのだ。ところが人のためになり、人の助けとなり、少しでも世の中に役立つことをすると、とても幸せになり、明るくなるのである。平成八年三月二十七日の『朝日新聞』にこんな投書がのせられていた。竹田市の教員をしている新名民生さんの一文だが、

『先日、児童用トイレに行ってみると、一年生の男の子が二人いて、一人は床《ゆか》に水をまき、ブラシを持ってゴシゴシ掃除《そうじ》をしていた。もう一人は手洗い所でトイレのスリッパをジャブジャブと洗っていた。元気がよくて、わんぱく盛りの二人の日常とは違う様子に私は好奇心を誘われた。

わけを聞いてみると、Y君がオシッコをしたくなり、トイレに駆け込んだが間に合わなかった。それで、スリッパを置いてあるあたりで漏《も》らしてしまい、スリッパとその周りの床を汚してしまったらしい。たまたま、その場にM君が行き会わせ、困っているY君に同情し、冒頭で述べたような話になったらしい。私は二人の行為に感激した。

小学校一年生というと、自己中心的で、周りのことなど思いやることは難しい年齢である。自分のしたことに責任を感じているY君、困っているY君を見て手伝ってあげた心温《あたた》かいM君の行為を職員に話すと、全員から拍手が出た。

私の学校は九州の屋根と呼ばれる久住山、祖母山の山あいの町にある。その自然豊かな中で、心豊かな子どもが育っていることに心が和《なご》んだ一日であった。』

人は誰でも本当は「神の子」だ。しかし肉体人間には、その力がまだ充分に出ていない。それを出す練習をしている真最中なのである。それ故ときに失敗をしたり、受け答えを間違ったりすることもある。だから人の失敗を見ても、バカにしたり、ケイベツしたりしないことだ。この男の子のように手助けをして、トイレの掃除をしたりすると、とても明るい気分になり、うれしくなって来る。それは自分の中にかくれていた「神の子」のすばらしさが、より一層強く現れて来るからである。

こうして人は誰でも、日に日に進歩向上する。だから失敗をおそれて、変に隠したり、ごまかしたりするものではない。誰かからいじめられたり、暴力をうけたといっても、悲観してはいけない。そのようなことのない、真に平和で明るい、助け合いの世界こそが本物で、それだけがアル（実在する）からだ。

いじめや暴力

平成七年の四月十日に、富山県のM子さんという娘さんから長い手紙をもらったことがある。全文を読んでもらうとよく分かるが、あまり長いので、要約しながら紹介したいと思う。

『清超《せいちょう》先生お元気ですか？　やっと春めいてきましたね。実はわたし今年の3月27日にように体験をしたんです。この体験をして今まで23年間父から暴力・言葉の暴力・数々のいやがらせをされてきましたが、今やっと心の底から父のことを許す強い自分になることができました。実はわたし幼少の頃から、祖父・祖母・母からはかわいがられたんですけど、父は仕事から帰ってきたらわたしに暴力をふるいながら「お前なんかこの世に生まれてこなかったらよかったんだ！　早く死ね！　ダラ！」と言われ続けました。とてもつらかったです』

M子さんは一人っ子だというが、どうしてお父さんが暴力をふるわれたのか分からない。けれどもきっとM子さんの知らない訳でもあったのだろう。そのため彼女はいつもベソベソ泣いていると、祖父が「かわいそうに、おじいちゃんが遊んであげよう」といって、父親の代わりに可愛がって下さったそうだ。

けれども中学三年の時に祖父に亡くなられ、それからは地獄のようだったと書いてある。ところが平成七年の三月二十七日に、こんな弱い心の自分から立ち上がることができたという。

『今思えばわたしが小学3年生の春に、駅でジュニア版の本を駅のおばさんからいただき、22歳までの13年間毎日、日・月・火・水・木・金・土曜日のお祈り*を続けていたのも、父から暴力・言葉の暴力・いやがらせをされても、毎日のお祈りをすることで、とても心がホッと安心できたからなんです。あとわたしが小学1年生か2年生の時にアニメで、〝キャンディ・キャンディ〟というテレビ番組があって、わたし主人公のキャンディがとても好きでした。キャンディは人からどんなにいじめられても、いつも笑顔でいるとても強い子で、当時のわたしは〝わたしをいじめるのはお父さんだけだけど、いつもめそめそ泣いてばかりじゃダメだよね。わたしもキャンディのようにいつも笑顔でいる子になりたい〟と思い、よく〝キャンディ・キャンディ〟の主題歌を歌っていました。〝いじわるされても気にしないわ、悪口だってだってだってへっちゃらよ〟と。今も〝キャンディ・キャンディ〟の主題歌は、3題めまで歌えます。今は本当に谷口清超先生に感謝しています。』

実は三月二十七日に彼女はシャンプーを買いにスーパーに行った。生長の家のラジオ放送のテープを聞きながら、黒部に行く準備をしていると、勉強部屋の手すりに一羽のはとが止まった。窓を開けても逃げないのだ。お互いに顔を見つめあって四分間、一緒にラジオ放送のテープを聞いた。それまでもラジオ放送の時間に三回ほどはとが来たことがあった。このテープを聞いてから三十分後に、彼女は家を出て、浦山駅に行き、黒部駅で降りた。そしてすぐスーパーに行こうと思って歩いていたら、道の上に見知らぬおばあさんが倒れていた。

人を助ける

すぐM子さんはおばあさんのそばに行き、

「大丈夫ですか？　立てますか？」

と両手を差し出していると、三人の人が集まって来て、手伝って下さった。M子さんの祖母は八十四歳だが、このおばあさんも八十四歳だった。この時彼女は、この世にいるすべての人達はみな兄弟姉妹だ、みな助け合って生きて行かなくちゃいけないと強く思ったのである。

『人間はうらみ・ねたみ・にくみ・しっと・欲を捨てて、明るく素直にあたたかい心を持って、人に幸せのたねをまいて、全世界の人達がいつも笑顔で楽しく生活のできる世界にしたい！　悲しみのない世界にしたい！　今のわたしはとても幸せだ！　生きているだけでとても嬉しくてたまらない！　この世で人間として生まれた以上、みんな平等で1人ひとり幸せにならなくちゃ。わたしだけが幸せなのはいやだ！　ちっとも嬉しくないもん！　この世のすべての人達全員が幸せにならなくちゃ。これからは少しでも人のお役にたって神様のお手伝いをさせていただこう。人を助けることがこんなに嬉しいことだったなんて……わたしのたましいもすごくよろこんでいる！　こんなにわたしのたましいがよろこんでいるのは生まれて初めてだと、初めてわたしの体とたましいが感じてくれたんです。わたしが倒れているおばあちゃんに「大丈夫ですか？　立てますか？」と両手を差し出した瞬間から、わたし自身が生まれ変わったのか、わたしがわたしでないような感じなんです。』

こうしてM子さんは、今はもうすっかり明るくなり、「神様のお手伝いをさせていただいて、少しでも人を助けたい」と思うようになったところ、三月二十七日から現在まで全然泣かなくなった。

『もし3月27日におばあちゃんを助けていなかったら、今もわたしは毎日泣いて生活していたでしょう。23年間という長い長いトンネルから抜け出せたのです。出口があったのですね。わたし今まで生きてきてこんなに嬉しいことはありません。本当に生長の家はすごいですね！　谷口雅春《まさはる》先生・輝子《てるこ》先生*・清超《せいちょう》先生・恵美子《えみこ》先生*・雅宣《まさのぶ》先生・純子《じゅんこ》先生、本当にありがとうございます！　これからのわたしは少しでも清超先生に恩返しができるように、1人でも多くの方に生長の家を好きになっていただき、人のお役にたてるように頑張っていきます！　清超先生、いつまでもお元気でいらして下さい。』

右のような手紙だったが、これまでのいきさつでは、M子さんが生長の家の青年会の運動などに、どの程度加わっているのか分からなかったので、私はこんな返事を書いて出した。

正しい直観

『お手紙有難く拝見しました。

あなたの手紙は分かりやすい字で、きれいに書かれていましたので、よく読めました。

あなたがお父さんに感謝できるようになり、明るくなったという事は、とても素晴らしい事です。そのきっかけが、見知らないおばあさんを助けようと思った事から始まった、と書かれていますが、人を助けるという事はとても良い事です。自分が救われる事を願うだけでなく、そこに踏み切った事が、あなたの幸せに通じますね。

そしてそれは、それまであなたが熱心に生長の家の本を読んだり、テープを聞かれたりしたその積み重ねが、そういうチャンスを与えてくれたことになりますから、今後ともしっかり生長の家の本を読んだり話を聞いたりして下さい。あなたのご近所に生長の家の青年会があると思いますので、そこへ連絡してお友達と一緒に、いろんな良い事をやって人助けをして下さい。生長の家の教化部*に問い合わせてもよろしいし、それから本部*の青年会部*にも連絡してご覧なさい。（後略）』

ところが、その次に来たM子さんの手紙によると、もうすでにずっと前から青年会活動に参加していたということだ。「情報時代」と言われていても、全ての情報が伝わるものではない。又、全ての情報が全部丸ごと伝わったら、逆に情報の〝大洪水〟が起って、何が正しくて何が間違っているのか分からないことになってしまうだろう。だから「情報を正しく選び出す」ということができなくてはならない。これはもはや「直観」にたよるしかないが、この「直観」が「正しい直観」になるためには、神様の世界という完全円満な実在界を心の目で観る練習、つまり「神想観」を毎日行うしかないのである。これしかないというと、やむを得《え》ずやるように思うと大間違いで、これくらいすばらしい「幸福への近路」はないということなのだ。

言葉の種子を播く

さてM子さんの次の手紙によると、彼女が小学校三年生の春、左手のケガの治療にK外科病院に通っていた。ある日病院からの帰りに、東三日市駅に行くと、小さな本が駅の隅《すみ》に置いてあった。その『理想世界ジュニア版』の表紙をじっとながめていると、駅のおばさんが、

「おじょうちゃん、この本欲しいんでしょう。持って行きなさい」

といって下さった。お礼を言ってそれを家に帰って読むと「人間は神の子です」と書いてあり、火曜日の祈りや土曜日の祈りが書いてあった。そこで彼女はその祈りを毎日実行した。すると二十二歳の七月のある日、『理想世界ジュニア版』の最後に〝大井昌子〟と書いてあったことに気がついた。

「どんな人かな。でもこわい人だったらいやだから、電話をかけるのはやめとこう」
と思って、そのままにした。するとまた年月がたち、平成四年の九月に、フト『読売新聞』を読んでいたら、生長の家の四つの月刊誌*の広告が出ていた。そこで早速四冊とも一年分を申し込んで購読した。こういう実行力のあるところが、M子さんのすばらしい所なのである。

すると平成五年の七月に、教区青年会の委員長と女子活動対策部長の大井睦美さんが、M子さんの家に訪ねて来た。どうして訪ねて来られたのか私は知らないが、多分何かの情報を得て、伝道に来たのだろう。そして睦美さんが、

「うちの母も生長の家をやっているんですよ」

と言ったので、そのお母さんが白鳩会教区連合会副会長（当時）の大井昌子さんで、その人が配った『理想世界ジュニア版』をM子さんがもらったのだと分かったのである。こうして十三年かかって、やっと彼女に真理の種子を播《ま》いて下さった地方講師*の先生に面会できたということだ。

このように、人が幸せになるためには、真理の言葉を知らなければならない。というのは、人間は皆「神の子」であり、仏さまであり、完全で健康で、生き通しのいのちそのも

のなのだが、そのことを「自覚」しないと、そのすばらしさがこの現実世界には出て来ないからである。この「自覚」のためには、真理のコトバが必要であり、それを伝える人々が必要だ。こうして人々は自分も幸せになり、他の人々にも幸せを与え続けて行かなくては、幸福への道は開かれて来ないのである。

＊お祈り＝この曜日ごとのお祈りは、『こどもの祈り』に収録されている。谷口雅春著、生長の家本部編。（日本教文社刊）
＊輝子先生＝谷口雅春大聖師夫人。昭和六十三年、満九十二歳で昇天。
＊恵美子先生＝生長の家白鳩会総裁。谷口清超生長の家総裁夫人。
＊教化部＝生長の家の地方に於ける布教、伝道の拠点。
＊本部＝東京都渋谷区神宮前一―二三―三〇にある生長の家本部。
＊青年会＝十二歳以上四十歳未満の男女を対象とし、生長の家の真理を学び実践する会。
＊月刊誌＝『白鳩』『光の泉』『理想世界』『理想世界ジュニア版』の四誌が現在発行されている。
＊地方講師＝自ら発願して、生長の家の教えを居住都道府県で伝える、一定の資格を持ったボランティアの講師。

4　お礼とあいさつ

基本人権

世の中には色々な人がいるが、それぞれ好き嫌いにも差があって、数学の好きな人と、大嫌いな人がいたりする。しかしどんな数学嫌いでも、1＋2＝3ぐらいの数式なら、何とも感じないだろう。2－1＝1でも同じことだ。ことにこの式の中で使われている＋と－と＝《イコール》の記号は、とても大切な内容を含んでいるコトバである。

たとえばお店に行って買い物をする時には、必ずこれを使って計算してお金を支払うだろう。その時は、＋と－とが活躍するのだ。乾電池を買うとそこには＋と－の両極がある。この両極は正反対の性質を持っているが、そうでないとこの電池は、全く使い物にならない。

磁石にも北と南との表示があって、大抵NとSと書いてある。それは地球に北極と南極があるからで、吾々の周囲には目に見えない磁力線がみちあふれている。雷や稲光《いなびかり》がこわいという人もいるが、これも＋と－の電気が作り出す現象である。

このように物質界には＋と－の原理がみちみちていて、植物もメシベ（－）とオシベ（＋）が結び合って果実となり、地球の表面に拡がる。動物もオスとメスとで子供を生み、いくらでも増えていくのである。オス（＋）だけではふえないし、メス（－）だけでもだめだ。だから人間も男と女とがあり、それぞれが大切な仕事や働きをする。しかも「男女同権」などというときは「男＝女」という意味もあるが、それは肉体が男と女と同じだということではない。基本人権の平等ということだ――それくらいのことは文明国での常識である。

しかしもし人間が肉体だけの存在なら、人権とか平等などということはありえない。「平等な肉体」などはありえないからだ。つまり肉体は吾々の魂（心）の使う道具であって、基本人権というのは心や魂の方にあるのだから、平等とも言えるのである。

しかも「肉体は心の影」であり、心の思いが肉体にあらわれてくる。だから女性と男性の肉体が多少異なっているように、女の心と男の心との違いもあるのだということになるだろう。

男女のちがい

ではどう異なるのかというと、一口には言えないが、＋の働きと－の働きのような違いで、花でいうとオシベとメシベの違いのようなところだ。春になると杉花粉などが飛ぶが、あの花粉はオシベの方の産物で、メシベの方は飛んで行かず、じっと落ちついているような違いがある。能動的と受動的な違いともいうが、それはごく精神的な傾向で、最近の女性はよく飛び回って仕事をするようになった。かえって男性がじっとしていて、あまり動かないというような光景も見られるから、外側だけを見ていると誤解してしまうだろう。

しかしこのような傾向は、子供のころはあまりハッキリしていない。年とってくるにつれて、男性と女性の肉体の特徴がハッキリしてくるが、同時に心の傾向もちがってくる。いくらちがってきても、＋と－のどちらも大切であって、どちらが尊くて、どちらが優《まさ》り、どちらが劣っているというようなことはないのである。それは音楽家にも女性のヴァイオリニストやピアニストもいるし、男性のピアニストもヴァイオリニストもいるような

ものだ。そして上
から、これは訓練
もっとも楽器の
ようなことはある
んの、次のような投書がのってい

『過日、久しぶりに孫たちに連れられて、近くの公園に出かけたときの話です
公園にいるたくさんの鳥たちに、パンのヘタ（耳）をやりながらの散歩中、あと一切れになったとき、隣でうらやましそうにみていた四、五歳の、孫娘と同じくらいの男の子が突然、「一つちょうだい」と、声をかけてきました。

孫娘はあと一切れになったパンのヘタをしげしげと見つめながら、しばらく考えた末、手の中のパンを半分に切って、その男の子に差し出しました。

その後、孫娘はしばらく寂《さび》しそうに半分になったパンを見ていましたが、私が「偉い！」と言って頭をなでてやり、「気持ちいい？」と聞くと、少し間がありましたが頭を縦に振ってくれ、笑顔に変わりました。

それを見て、今度は私の方が考えさせられました。

昔、私が若いころ、祖父母がよく言っていた「損して得取れ」とはこのことだったんでしょうが、得の字を徳のつもりで言っていたのか、今となっては調べる由《よし》もありませんが…。

スタートした介護保険、年金制度の改革など、ややもすると損得に走りがちな今日このごろですが、損して〝徳〟取れ、を孫娘のパンのヘタに教えられた、おじいちゃんでした。

（会社役員）』

パンのヘタ一切れを、半分にち切ってあげたというのは感心なことだ。もっとも見知らぬ男の子の方が「一つちょうだい」と要求したというから、積極的だったといえるだろう。そして受動的だった女の子も、半分に切ってあげたというから、これもよいことをした。そしてその女の子をほめてあげたという、この投書の人も、いいことをして、「与えること」のすばらしさを教えてあげたのだった。

あいさつをする

近頃はパンの耳など、見たこともない若者たちがふえたかも知れないが、昔はパン屋さんでタダでくれたものだ。昔食料が不足した時代には、あの固いふちのヘタが食べごたえがするといって、捨てるものは一人もいなかった。しかし今はちがう。こんな小さなことからでも、人々は「与えること」を学んだり、「ほめてあげる」ことを学ぶのは、やはりありがたい世の中である。

こうして男性も女性も次第に成長してゆく。人生は大きな「学校」のようなものだから、男の子と女の子との間でも、何かお互いに学ぶことがあるはずだ。いつも人からもらったり、求めたりするばかりではダメで、与えることや、感謝して「お礼をいう」ことなどは、幼いころから学習しておかなければならない。

さきほどのパンの耳をもらった男の子は、女の子にお礼を言ったかどうか書いてなかったが、多くの男女は、どちらも共にお礼を言う習慣をつけなければならない。お互いにお礼やあいさつが出来るようになると、そこから交際が始まったりすることもあるし、そうでなくても人間としてのマナーの基礎ができる。よく友達からいじわるをされるという若者は、アイサツができない人が多いのだ。

私の住んでいる町は東京の原宿だが、いつも道を歩くと沢山の若者たちに出あう。ことに混んでいる表参道の交叉点では、モノスゴク混むことがある。そんな時は、人と人とがぶつかることもあるが、平気で行ってしまう人もいる。けれども「失礼」とか、「すみません」という人もいる。たとえ外からみてガングロだったりしても、ちゃんとあいさつの出来る子もいるが、こんな時はどちらかというと女性が多い。

雨の日などは、傘をさしていると通りにくい。東京では昔から、「傘かたげ」というのをやった。お互いに相手に傘がふれないように、傘を反対側に少し傾《かた》げて通りすぎるのだ。それをしない人は「田舎者」といって、ケイベツされた。ことに下町ではこの風習が今でも残っているが、原宿あたりではあまり見かけない。これもちょっとしたあいさつで、小さな礼儀の一つだが、これはぜひどこでもやってもらいたいものである。といっても、誰も通らない所ではやっても仕方がないが……

さらにやめてもらいたいのは、歩きながらタバコを吹かすことだ。長い間外国住まいをした人が日本へ帰ってきて、「日本はタバコ臭い」といったという話を聞いたことがあるが、こんなのは礼儀にかなわない悪習だし、衛生にもよくない。タバコのポイ捨てなどは、やらないことだ。このごろは女の子も、男のマネをして若いころからタバコを吸う人もいるが、タバコ中毒になると、特に女性にはよくない。胎児に発育不良の状態が出やすいからだ。いくら男女同権といっても、女の代りに男が子を産むということはできないだろう。そして胎児にもっとも影響を与えるのは女性である。歩きながらタバコを吸っている人の後ろから歩くと、いやでも夕バコを吸わされているようなものだ。

たのしい社会を

しかしこんな礼儀正しい小学生もいる。平成十二年二月二十八日の『産経新聞』に、千葉県御宿町に住んでいる小川房子さんの投書がのっていた。

『先日、所用のため車で出かけたときです。

小学校の下校時だったようで、走っていると横断用の押しボタン式の信号があり、五、六年生ぐらいの黄色い野球帽をかぶった児童たち六、七人が横断旗を持って渡っていました。

渡り終わると、その小学生たち全員は、止まっていた左右の車に向かって丁寧に頭を下げ、そのうちの一人が大きな声で「どうもありがとうございました」と言ったのです。

私はびっくりし、思わず笑顔でウインドー越しにお辞儀をかえしていました。対向車の人も、つられて笑みであいさつしていました。

今は小学生でもすぐキレるとかで学級崩壊などがささやかれていますが、こんな礼儀正しい小学生には初めて出会いました。小学校の名は分かりませんが、こんなにすばらしい教育のできる先生方のいる小学校では、おそらくイジメや学級崩壊などないのではと思いました。

こんなにもすがすがしい気分を味わうことができるとは。礼儀作法の大切さを改めて小学生に教えられたようで恥じ入る思いでした。』

こうしてよい生徒たちが育って行くと、日本はすばらしい国になるだろう。すると外国からも信頼され、同じ物を買うのでも「日本製がいい」ということになって、国は豊かとなり、安全できれいな国になっていくのだ。よいことは小さいころから教えられたり、練習したりするのが一番効果的といえる。永い一生や、未来のことを考えると、小さな礼儀やアイサツが、積もり積もって、大きな幸福や繁栄につながるのである。

そんな社会は、決して固苦しい社会ではない。たのしくて、学習したり練習したりしやすい雰囲気がみちあふれてくる。平成十二年四月四日の『毎日新聞』には、松江市に住んでおられる神門邦次さんの投書がのっていた。

《病院で薬をもらうまでの時間が長く、子供にとっては退屈だろう。小学校5年生の男の子が、待合室で新聞を読んでいる父親に「お父ちゃん、読むのにどうして『新聞』というの？」と聞いていた。質問に父親は驚いた様子。やがて笑いながら「ラジオやテレビもない時、新聞が早くみんなに、いろいろなことを知らせたからだよ」と答えた。するると、男の子が「聞かないで読むから『新読』がよかったね」と一言。そのユーモアに、待合室の雰囲気が和やかになった。

そして彼が「ラジオが『新聞』だ！　新しいことを聞くからね。そうでしょ。テレビは、お父ちゃん、見て聞くからね。『しんみてきき』だ」と言ったので、みんな大笑い。病《やまい》を忘れさせるかのような愉快な雰囲気が漂《ただよ》った。

愛情に強く結ばれた父と子だからこそ、楽しい思考をめぐらすことができ、周囲の人たちの心にも安らぎを与えるのだろう。親子の絆の大切さを改めて痛感させられた。》

この人生は、屁理屈《へりくつ》や空論ではなく、行動が大切だ。「人に深切しよう」と思っても、実さいに実行しないと、何の力にもならない。その反対に「あの人と友だちになろう」と思っても、思うだけでは実現しない。声をかけるなり、あいさつをするなり、深切をしてあげるなりすると、友だちになれる。しかし押しつけたりするとかえって反発される。「思いやりがある」ことが大切だ。平成十二年三月十九日の松木つや子さん（滋賀県守山市）の『産経新聞』への投書にはこう書いてあった。

『日曜日に小学五年生の息子とスーパーに買い物に出掛け、私たち親子と初老の夫婦の四人でエレベーターを待っていました。

エレベーターが着いて私たち親子がまず乗ると、息子がずっと「開」のボタンを押していました。その後、ご夫婦が乗られました。

そして、降りる階で、私が先に出ましたが、息子は降りる気配がありません。振り返ると、息子は「開」のボタンを押しながら扉が閉まらないように手で押さえていました。老夫婦が降りられるのを見届けて、最後に息子が降りました。

その奥さんは、息子にほほえみながら「ありがとう」と言って、おじぎされました。

私は息子のその思いやりに感動するとともに、自分が恥ずかしくなりました。いつも口では「小さな子やお年寄りには優しくしてあげようね」と言っているからです。改めて、口で言うより態度で示す大切さを感じ、大反省しました。』

五、国際平和と愛

1　国際化とは？

家庭を天国に

よく「わが家を天国みたいにしたい」というとき、人はどんな〃天国〃を考えているのだろう。きっと皆が仲よく暮らしていて、お互いに助け合ったり、和顔・愛語・讃嘆、つまりニコニコして、優しい言葉で話し合い、お互いに讃めて、感謝しあっている家庭を指すのであろう。ムッツリとして、ひとりぼっちで、真面目《まじめ》に働いたり学問をしたりはするが、勝手気儘《かってきまま》をしている人たちの〃バラバラな家庭〃を考えてはいないだろう。

それと同じく、「地上を天国のようにしたい」という時も、国と国とがみんな仲よく助け合って、和顔・愛語・讃嘆している世界を考えるだろう。そのように「天国」は既にそうなっていて、それがもう完全に出来上がっているはずである。

「出来上がっていて、ちっとも出来ていないじゃないか」

というかも知れないが、それは目に見えていないだけで、本当にはアルのだ。これを「実相」とか「実在」というが、「神の国」とか「天国」ともいう。そしてそれのみが実在する、本当にあるのだが、目や耳や、皮膚や鼻や、舌では（つまり五官では）完全にはとらえられない。それは人の愛でも、智慧でも、命でも、五官では完全には分からないし、そのごく一部しか捕《つか》まえられないようなものである。

しかも天国には仕切りがない。ここまでが天国で、あとは地獄だというそんな〝おかしげなこと〟はない。何故《なぜ》なら、神様は地獄をほったらかしにしておくような無慈悲なことはなさらないからだ。みな完全に創っておられるはずである。だからどこもかしこも天国ばかりだ。そうでないと、神様の値打《ねうち》がないだろう。それともあなたは「値打のない神様」を信じたいのだろうか？

そこでこの「天国浄土」を地上に出来るだけうまく現わそうとすると、どうしても人と人とは仲よくなり、国と国とも仲よくなることになる。

「あいつだけは、毛色が変わっているから、のけ者にしよう」

ということもないし、

「嫌なあの国とは交際しない。貿易もしないし、仲間にもいれてやらない」
ということもないのである。勿論《もちろん》、戦争や喧嘩などは、全く絶対にナイのである。

天国はどこにあるか

ところが目に見えるこの地球上には、そんな理想的な状態は出ていない。今でも戦争をしている国もあるし、新幹線の〝のぞみ号〟で人殺しをした人もいる。お金を盗《と》る目的で、内田さんという十九歳の女の子は殺された。全く気の毒なことである。それはこの地上がまだ天国からは程遠い「現象世界」つまり〝影の世界〟だからである。五官で見たり聞いたりしているだけだからだ。しかし天国は今・此処《ここ》にすでにあるのだ。それを心で観《み》ることができるような人々が増えてくると、地上にも段々それが現れるのである。

ところがそのような実相をナイと思ったり、観たり信じたりしない人びとが大部分だと、いつまでたっても天国らしい世界が出て来ない。国と国とでも、

「あの国を攻め盗ってやろう」

などと思っていると、「天国」はあっても現象界には出てこない。地獄のような姿が出てくる。それは皆「神の国」を信じないで、権利や資源や食料の取り合いをやるからだ。中

には自分の国だけが神の国で、よその国は悪魔の国だくらいに思って、国や富の取り合いをやった時代もある。もっと以前は、よその国があることも知らず、自分の国や占領地内だけで「自給自足」していた時代もあった。

しかし外国や知らない土地があると分かると、どうしてもそこへ行って見たくなる。そして行ってみるとそこにある良い物を持ってきたり、買ってくることも覚えるだろう。まずは物々交換《ぶつぶつこうかん》から始まり、人の行き来もはじまる。こうして「自給自足」が「他給自足」となり、「自給他足」となるのである。つまり他国から輸入し、他国へも輸出するのだ。だがすぐそうならないことが多く、戦争のようなことをして、無理矢理物や人を持ってくるような乱暴なことをした時代もあった。そうでなくても「自給自足」の範囲を広げて、ある地域だけで自給自足をやろうという考えが出てきて、世界がブロック化することもある。これも、

「自給自足が絶対よい」

と思っていると、そのブロックと他のブロックとが断絶した関係になり、戦争にまで発展することもある。こうした結果は、「神の国」とは反対の、「迷《まよい》の国」のトラブルであるから、反省しなくてはならない。何故そんな迷が出るかというと、

「戦争になったとき、安全であり、長生きできるように」と思うからで、「戦争を前提にしている」ところが迷なのである。

一円相

ところが「神の国には戦争がない」のである。生長の家の神示に、昭和七年一月に出された「声字即実相《しょうじそくじつそう》の神示」というのがあるが、そこには、

『神が戦いをさせているのではない。迷いと迷いと相搏《あいう》って自壊《じかい》するのだ』

と書かれている。この神示の出た時はもう満州事変が始まって、そのまっただ中であった。さらに「日本の実相顕現の神示」には、

『この神の教えは「自給他足・他給自足」と教えてあるのに独逸《ドイツ》にならって経済自給圏を確立しようと思ったりしたのが既に相対の心である……世界は一円相《いちえんそう》であると云《い》うことを知らねばならぬ』

と書かれている。これを見ても、世界は国際社会として「一円相」の方に進まなければならないことが明かだ。しかし一円相とは、みんな同じということではない。「みんながするから、私もする」では「人まね」であって、世界中に人間は一人だけで沢山だというこ

とになるだろう。

すべての人には個性があるし、国家にもそれがある。それをなくするのが「国際化」ではなく、それぞれの個性を大切にしあって、みんなが仲よく助け合い、補い合うのが本当である。愛の心で大調和するのだ。近ごろはわが国にも多くの外国人が来るし、日本からもでかけて行く。これは当然のことで、これからますます増えていくだろう。しかしこうして多くの人々が混《ま》ざりあうと、時にはトラブルもおこる。そうなってはいけない。ではどうしたらいいか。

同じ家族が食卓を囲んでも、時には喧嘩をする。そういう時はたいてい誰かが「思いやり」を欠いて、自分勝手になっているからだろう。例えば親父《おやじ》さんが一人でご馳走を食べて、ほかの人は腹ペコでいて、ちょっとしか食べられない。おまけに親父は大声でしゃべりまくる。これでは大調和が難しい。たしかに親父さんの稼いできたお金で作った晩ご飯かも知れないが……

もう二十年間も日本にきて、多くの本を書いているポール・ボネさんというフランス人のビジネスマンがいるが、こんな記事を書いている。(『大揺れ！　不思議の国ニッポン』ダイヤモンド社版より)

『日本に滞在したヨーロッパからの旅行者が一様に指摘することが一つある。それはレストラン、料理屋などで会食をしている日本人たちの会話の声が大きいことだ。これは私自身もかねがね気になっていた事実なので、旅行者に指摘されるたびに「そのとおりですよ」とうなずくことになる。

「日本人は、日本には日本人しかいないという習慣に慣れ切っているのでね。つまり大声で何を話しても大丈夫だという安心感があるのでしょう」と私は説明する。

人種も原国籍も多様に入り混じって暮らしているヨーロッパやアメリカと、日本とでは大変な差がある。昨今、東京が国際都市になったといっても、パリやニューヨークに比較すると、まだまだ日本人圧倒的という図式に変化はない。(後略)』

他人への思いやり

これは言い換えると、日本人はまだ「隣の人や国のことを思いやっていない」ということの忠告でもある。日本人同士なら道で肩がぶつかってもそのまま挨拶《あいさつ》もなく行ってしまうこともあるが、外国でそれをやると、「無礼《ぶれい》な人間」として軽蔑《けいべつ》されることが多い。つまりまだ鎖国時代の感覚で、「隣人」や「隣国」を考えていないし、その人々へのニコヤカな挨拶がないから、誤解されるのである。

新幹線の〝のぞみ号〟で、大声で話しあっていた会社員が、近くの青年から「うるさい」と文句を言われて、ナイフで刺されて死んだ事件があった。この加害者は覚醒剤を打っていたというから、あまりにも「思いやり」がなさすぎたが、刺された方も、列車内で「大声」を振りまき過ぎたのだろう。

またある時、私が新幹線から降りようとしていると、ドアの前に並んで待っていた父と子がいたが、この二人が私より先に降りたのは当たり前だ。しかし子どもはもう一人先に並んでいる女性を追い越して、一番さきに降りてしまった。これをその父親は黙って見過ごしていたのだ。平素、「お前、一番になれ!」と教え込んだせいかも知れないが、これでは「野蛮《やばん》で無作法《ぶさほう》な日本人」が出来上がるだけであろう。

小さなことかも知れないが、金があるからと言って威張る人や、他の人を、ことに障害のある人を思いやらない人たちは、国際社会では嫌われ者である。ただどこへでも行って、好き放題をすればよいような国際時代が来ると思ってはならない。野山に弁当かすを捨てて帰ってくるような〝汚いハイキング〟をやらない訓練は、出来るだけ小さいうちから「させてもらう」ことが、とても必要だ。もしお父さんが訓練してくれなければ、皆さんの方から、進んで「訓練してもらう」ことだ。

自然法爾《じねんほうに》（そのまま）

このポール・ボネさんの書いていることがみな正しいとは言えないだろうが、たびたびいうように人は自分一人で生きて行くのではない。その理由は、多くの人々の立場の見方を知って、「自己をあきらめる」ためである。つまり「本当の自己が仏性《ぶつしょう》であることを自覚する」ことである。と同時に、「他己《たこ》をあきらめる」他人もみな神の子であることを知るのだ。それは自分だけで、一人で悟りを開いたらよいかと言うと、そうはいかない。「自他一如《いちによ》」（自他一体）だからである。だから昔から、外国へ行くと、自分の国のことがよく分かると言われてきた。つまり「鎖国思想」で暮らしてはいけない。それを打ち破って行ったからこそ、日本は今のように伸びてきた。また同時に外国も伸びてきた。昔は先進国もお粗末だった。その証拠に、ボネさんは同書の中でこう書いている。

『一九世紀末に、日本からビジネスを研究しにヨーロッパへやって来た人々に、フランスやイギリス、ドイツなどの連中がどのように対応したかを文献などで読むと、いささか後ろめたい気分になる。幸い、幕末のパリ博覧会に徳川昭武侯《とくがわあきたけこう》一行を迎えていたフランスは、その経験からして極端にひどい扱いをしたとは伝えられていない。しかし、後に黄禍《こうか》論で問題になるドイツなどは、日本の留学生を迎えて「日本人が来たから、そろそろ猿も来るだろう」といったと伝えられている。それから一〇〇年も経たないうちに、日本人は、自分たちを猿と同等視した連中と同盟を組むのである。

幕末に巧妙に立ち回って、日本の利権を最も多く手にしたイギリスは、第一次大戦終了後までは、日本と最も友好的な先進国であった。その実、日本を最大のライバルと見なし、いかに日本を軽蔑するかを研究しつくしていた国もイギリスであったが……。（後略）』

少々「フランス的な見方」でもあるが、ともかくこうして人も国も、学習しながら次第に良くなっていく。つまり本来の「実相」を現し出して行くのである。ただ最も気をつけなければならないことは、どんなに「先進国」らしくなっても、決して自惚《うぬぼ》れて、思い上がってはならないということである。現象は影であって、まだまだ本物ではなく、「おそまつ」だからだ。「神の国」を信じ、「自然法爾《じねんほうに》」（そのまま）に生きることが、これから進むべき「大道《たいどう》」であると言えるのである。

2　国を愛する心

小さな愛もある

ある日、本部までいつも通う道を歩いていると、低い生け垣《いがき》の上に、ビニール袋の中につめ込んだゴミが三つ捨ててあった。ビニール袋の口はしっかりと結んであったので、持ち運びには便利だ。そこでこのゴミ袋三個を鞄《かばん》と共に持って、途中の分別ゴミ捨て場に行って捨てた。近頃こんなことは、よく経験する。生け垣の植物は、頭の上が軽くなってホッとしただろうと思う。

どうして垣根の植物の上に物を捨てるのだろうか。猫や猿なら、頭の上に物を捨てられたら、逃げるだろうが、植物は逃げられないのだ。誰かが何とかしてくれるまで、じっと辛抱していなければならないのは、大変気の毒だ。これも愛情の一種かも知れないが、ちょっと見ただけでも美しい景色ではない。だからゴミを取り去ると少しは世の中がきれいになるのである。

よく「国を愛する」などというと、とても大きな仕事をして国家のために尽すとか、世界平和を訴えるとか、経済的な貢献をすることを考えるが、そのような〝大仕事〟も大変結構だが、小さなことでも、世の中のためになることや、村や町をきれいにすることなどいくらでも見つかる。「すばらしい祖国」や「美しい日本」を考える時、どうしてもよごれてきたなくてゴミの散乱した村や町や山や川を考える訳には行かないのである。

ドロボーやひったくりが出没したり、学校でイジメがはびこっていたりするような国にしたのでは、国を愛する心がちっとも生きていないと言えるだろう。時によると、

「むりに国なんか愛さなくてよい」

という人もいる。又、時には、

「わが国は、愛する資格があるのだろうか」

ときく人もいる。日本はかつてこんなひどい戦争をした。こんなデタラメな政治家や軍人が沢山いた、などというかも知れない。だから「愛するに値《あたい》しない」といえるのだろうか。

サルとネコ

しかしこれでは「愛」というものを正しく理解していないと言える。父母に対する愛でもそうだが、

「私の父は、事業に失敗した。もし成功したら愛してもいいが、失敗して倒産したような父は、トウサンしたトウサンで、ケイベツしてよいぞ」

というのは、ちょっとどうかした考えだ。人間は全て、その肉体面を見ると、完全無欠ではない。時には手が不自由だったり、脚《あし》が立たなかったりする人もいる。だからといって、完全なものしか愛さないというのでは、現実と理想とを取り違えているのである。

人間は本来すばらしい「神の子」であり、完全無欠である。だからこそ「完全」を求めるのであって、「不完全でうれしい」という人はいない。神様を信仰するというのも、人間の本心が「神の子」だから、神を求める心をもつのであって、他の動物や植物が「神を求めて信仰した」ということを聞かない理由はそこにある。

平成十一年の六月ごろ一匹《いっぴき》のサルが東京の民家に現れた。どこかの山から逃げ出したのかも知れないが、このサル君は七月半ばごろ、東麻布の青木義次さん宅にやって来た。こ

のお宅には七匹ネコがいたが、その中の一匹の子ネコはサル君に近よって行き、サル君もこの子ネコに近づいて、お互いに仲よしになった。それ以来サルは度々《たびたび》子ネコに会いに来て、五分間ほど毛づくろいをして可愛がってから、どこかへ立ち去る——と色々の新聞に書いてあった。

だから動物の心の中にも、愛があるにちがいない。それは相手が立派だからとか、完全無欠だからとか、サルの過去やネコの過去がどうこうだからというのでもない。つまり、〝無条件〟といってもよい。中にある本ものがフッと現れてくるのだ。

そうした心は現実の世の中に、今すでにアルというのではない。国と国との間にも、国と人、あるいは親と子の間にも、本当は愛があっても、まだ充分現れていないのが普通である。しかしあることはある。その「愛」を「神」といったり、その「慈悲心」を「仏心」といったりするのである。

これは自分と相手とが、形は別々でも「一つだ」という自覚である。自覚とまで言えないにしても、そのような〝一体感〟だ。それ故、ふだん自分は国から何の恩恵もうけていないと思っていても、自国の選手が勝ったと言う話を聞くと、うれしくなったりする。逆に日本人が外国で悪いことをしたり、変なことをして批難されたりすると、まるで自分が批難されたような、いやな気がするのである。

厚化粧

例えば平成十一年六月二十三日の『産経新聞』の〝パリの屋根の下で〟というコラム(囲み記事)に、山口昌子さんのこんな文章がのっていた。

『厚化粧にミニ、そして異常にかかとの高い靴にくわえたばこで、早朝のシャンゼリゼ大通りを二人の日本女性が闊歩《かつぽ》していた。まさに街娼《がいしよう》スタイルだが、彼女たちはただの観光客にすぎない。

日本では、中学生どころか小学生用の化粧品も売り出すそうだ。使う方も使う方だが商品化する大人の罪はもっと重い。キリスト教の国では、偽善者の罪は悪者より重い。援助交際なる言葉があるが、こういう薄汚い言葉を編み出したのと同じ感覚だ。

パリでは若い女性、特に学生で昼間、化粧をしている者は皆無《かいむ》だ。化粧しているのは、その必要がある高齢者である。年を取れば顔色も唇の色もあせる。だから見苦しくないよう化粧をし、体形も崩《くず》れるから仕立ての良い服も着る。

そして、それを支える財力が備わるのは働き盛りの中年になってからである。裕福な家庭、つまり金銭の価値を知り、教養もある家庭ほど、娘が学校に行くのに化粧をしたり、ブランド品を身につけたりするのを、親は許したりはしない。

パリに来てブランド製品を買いまくる暇とお小遣いがあったら、本当のパリジェンヌのまねをしてほしい。彼女たちのほぼ全員がしたように、難民支援の小包を作り、寄付をしてほしかった。

日本政府は二億ドルのコソボ支援などを喧伝（けんでん）しているが、日本からの個人支援はまだまだ少ない。民度の高低と、こういうことは関係があるのだろうか。』

あまりにも肉体の外側ばかり飾りつけて、中味が貧弱だったり、利己的だったりしていると、美しくもなく、立派でもないのである。そしてそれが自分とは別人であっても、同じ国の人だということになると、何となく自分が批難されているようで、コソバユクなる。それは国というものがお互いを結びつけている一体感によっている。つまり国に対する愛があり、その愛が自他を結びつけるのである。

それはちょうど子供の不始末に、親が責任を感ずるようなものであり、親が罪をおかすと、その子供が苦しむようなものだ。その苦しみが、親の子に対する小言《こごと》となったり、ぶったり叩いたりするということもある。がそれは子供への愛の変形だと思わなくてはならない。

そこで、戦後しきりに日本の戦争行為ばかりを批難する人たちも、日本を愛していないのではなく、ただあまりにも悪を責《せ》め立てすぎていて、わが国の立派な点や、国家としての中心者をハッキリと持ち、しかもその中心者である歴代の天皇陛下が愛ふかい方がたであり、「永続されている」というすぐれた点を考えに入れていないのがいけないのである。

つまりそれぞれの国民は、それぞれの国を、実は愛していると言うことができる。どんな小さな国でも、戦争にまきこまれて苦しんでいる国民でも、みな祖国を愛していて、「よくなってほしい」と心から願っているのだ。単に自分さえ勝手気儘《きまま》ができて、ついでにぜいたく三昧《ざんまい》ができればよいと思っている人はいないはずだ。それゆえ万一国が戦争に突入した時でも、つねに平和を願っているのが「本心」であるということができる。なぜなら戦争は〝神が造られたものではない〟からである。

平和を求める

有名な司馬遼太郎という作家の『坂の上の雲』(文春文庫・全八巻)を読んでみると、日露戦争の時の日本の苦しみがよく分かる。当時の日本国は、まだ経済的には余裕がなく、武器弾薬軍艦大砲全てが不足していて、とてもロシアと対等に戦うことができる情勢ではなかった。それ故、軍人や政治家たちも、何とかして満州のロシア軍を叩いたら、どこかの国の力をかりて平和条約にこぎつけたいと念願していた。

つまり戦争は一時的な仮の手段で、どこまでも平和状態に持ち込みたいと望んでいたのである。それは陸海軍主脳の共通の願いだったし、児玉源太郎陸軍参謀《さんぼう》総長は奉天会戦の後で、わざわざ東京へ帰り、和平への道を各政治家に説得しようと決心したということだ(同書七巻一七四頁)。そこで彼は大山巌《いわお》総司令官のドアをノックして部屋に入った。

『大山は児玉のいう「奉天的な勝利段階をもって講和」ということは出征の前から人にも洩《も》らしていたが、しかし児玉のこの提案をきいたとき、

「それでは児玉サン、よかごっお願いしもす」

といっただけであった。』(一八七頁)

と書かれている。こうして当時の小村寿太郎外相や駐在米英の外交官によるルーズヴェルト大統領への和平仲介をすすめたのである。幸いにしてセオドル・ルーズヴェルトは日本に愛情を示した最初の外国主脳者で、彼に仲介を働きかけて、ポーツマス条約が実現した。

何を信じ行うか

ところが昭和になってからの太平洋戦争では、日本の天皇陛下や軍部・政治家の反対にもかかわらず、一部の在満州の参謀将校等の独断から交戦を拡大し、やがて米英軍を始めとする連合国軍との大東亜戦争（太平洋戦争）となり、国力を使い果してから、こともあろうにロシアに和平の仲介をたのんだのである。しかしロシア（当時のソ連）は、かつて日露戦争で日本軍と戦い、中途半端な負け戦でポーツマス条約を結んだうらみを持つと同時に、マルクス主義唯物論の国家であったから、日本を裏切って逆に日本に戦争をしかけ、満州はおろか、北方四島までも占領してしまったのである。

これは「誰を信じ愛するか」を誤ってはいけないという明らかな、国家としての大きな教訓である。ことに唯物論を信じたり、その唯物論のマルクス主義の国家を信じては、とんでもない亡国状態を作り出すということを示している。というのは、唯物論の根本的特徴は、

「目的のためには、どんな手段でもとりうる」

という点にあるからだ。人を愛するとか、国を愛するなどという〝甘ちょろい考え〟で

はなく、ただ自己（自国）の利益のためには、戦争も、ウソもスパイも、陰謀《いんぼう》も、時には人道主義も、全てよしとする思想だからである。

　こうなると宇宙に遍満《へんまん》する神の愛や仏の慈悲などは論外ということになるだろう。つまり現象第一主義となり、損得勘定一点張りの国や個人が出来上がるが、これは実在（実相）とはあまりにもかけ離れすぎている。そんなものは必ず、いつかは砕《くだ》け散って、無となるのである。しかもこれらの人々や国々にも、本来はアルところの神の愛が、何らかの形で現れ出てくるようになり、大変化が起り、善悪の総決算が起るものだ。これが「業の法則」であり、厳格な「因果律」である。ソ連が崩壊して、ロシアとなったのもその一例だ。

　従って人は、そして国は、どんなことがあっても神意第一の生活を忘れてはならないのである。見せかけの格好よさや、流行や、有名校や有力さに迷わされてはならない。そして又どんな小さな善でも、日々行い、つみかさね、日々神想観をやり、神の国の完全円満を心で観る訓練（練習）を重ねて行くことが大切である。

　つまり国を愛するとは、ごく簡単にいうと公衆道徳を守ることだとも言える。道徳の根本は「愛」にあるからだ。平成十一年七月二日の『産経新聞』に、宇都宮市の星野暁美さんが、次のような投書をよせておられた。

『車の窓からたばこの吸い殻を投げ捨てる人、スーパーの中で叫びながら走り回る子供を放っておく親、ほえてばかりいる犬をしつけない飼い主…。いずれも、日常よく見かける〝公衆道徳違反〟の人たちだ。

先日も、家族そろって近所の路上で遊んでいる一家がいた。あまりに騒々しいため、やんわりと注意したところ、「道路はみんなのものなんだから、何をしようと自由だろ」という言葉がその父親から返ってきた。私は「大勢の人が暮らしているのだから、お互いに迷惑をかけないよう気を配るべきでは…」と公衆道徳の大切さを説明したが、聞き入れてはもらえなかった。

公衆道徳の根底には、自分と直接かかわりのない人への思いやりの心が流れている。それは、自分の家族や友人への愛よりもはるかに努力を伴うもので、それゆえに、より大きな愛を含んでいるといえるだろう。

したがって、公衆道徳を守ろうと心がける姿勢が自分自身を純化させ、そのような人が増えることが世の中を浄化することにもつながると思う。私たち大人が公衆道徳を守り、来世紀を担《にな》う子供たちにもきちんと伝えていきたいものである。（主婦）』

3　世界の人を愛する

「心」と心

いつも言うように、人間は「肉体」ではなく、その主人公、持ち主である「魂」だ。魂というと、そんなものアルかナイか分からないという人もいるから、「心」と言いかえてもよい。すると「心がアルかナイか……」などという人は、多分いないだろうと思う。「心」はたしかにあるが、それを見た人もいないし、手で触った人もいない。いくら触ってみても、ひびいてくるのは心臓の音か、脈拍ぐらいしか分からない。しかしそれは心ではないのである。心は血圧でもないのだ。

しかし「心」にも、本当の「心」と、そうでない心とがある。だから『甘露《かんろ》の法雨《ほうう》』などには「心」と心というように、「心」が本当の心、心はその影のような心、肉体的な要求というように、区別して書いてある部分がある。しかも多くの人々は〝肉体の要求〟する心を、本当の「心」とごっちゃにして考えるが、これでは「本心」と「迷い心」との区別が分からないだろう。

例えば「迷い心」は、腹が立って人を殴《なぐ》ったとか、欲しい物を万引きしたというようよな、「欲望の心」と言いかえてもよい。だからそうした迷い心に引きずられて行動すると、自分でも「悪いことをした」と分かるのである。その分かる心は「心」の方であって、「本心ではない、間違っていた」と自分を咎《とが》めるのである。

だからどんな罪人でも悪人にも、「心」があるから、「迷い心」の方を否定する。それをどこまでも覆《おお》いかくそうとしても、自分で自分を処罰することになる。これを「自己処罰」といって、そのために病気になったり、大失敗をしたり、つかまって処罰されたり、時には死んでしまったりもする。自分で自分の肉体を殺してしまうのだ。

しかしもし「肉体」が「本当の自分」だったら、自殺をする人などいないだろう。何故なら、「肉体」がなくなってしまうと、自分自身がいなくなる――と思う。すると、0《ゼロ》になってしまった自分を考えることもできない。0が「ああ、サバサバした」とか、「やっと楽になった」などと考えることはナイからである。

何でも知りたい

そのようなわけで、本当の自分は「肉体」ではない。だからその肉体の色が白かろうが黒かろうが、茶色がかっていようが、黄色っぽかろうが、そんなことによって人間を差別してはいけないことも分かるし、そんな気になれないはずである。

例えば人の洋服が白でも、黒でも、茶色でも、その人を差別する気になれないようなものだ。又その洋服がイギリス産の羊毛であろうと、国産品であろうと、純毛であってもなくても、「差別するのはおかしい、不自然だ」と分かるようなものだ。

つまり人間の肉体は、ちょうど洋服のようなもので、中身の「本当の人間」ではないのである。だから「心」は、そんなことに縛られて、外国人を差別しない。さらに「肉体」はやがて死んでしまうが、「心」は死なない、生き通しのすばらしいものだと分かるのである。この死なないいのちのことを「神の子」とか「仏《ほとけ》」とかいって、尊敬するのが正しい宗教である。

これは大切な点で、よく自分は無宗教だなどという人もいるし、「宗教は年とってからでいい」などと考える人もいるが、本当のことを知るのは早いほどよい。数学の掛け算でも引き算でも、「習うのは老人になってからでいい」などという人はいないだろう。子供は生まれた時から、何でも本当のことを知りたがる。それは人間の本性が、「神の子」「仏」であり、無限の智慧であり、愛であり、力だからである。

その「心」の智慧や愛は、現し出さなくてはならない。又、そうしたいと思う。その現れの一つが、「本当のことを知りたい」と思い、何でもきく心なのである。

「おかあさんは、どこへ行った？」

とか、

「おとうさんは、いつ帰るの？」

とかときく。それは本当の智慧を求めているからであり、父母の愛を求めているからだろう。こうして人々は、智慧と愛と力とを現し出すことに喜びを感ずる。だからやがて友だちを求めたり、友だちとの愛や多くの人との愛を現すことを喜びとするのであって、当然全世界の人々との愛を求め、その愛を何らかの形で現そうとする。

と同時に、郷里や国への愛も、国や地方の文化への知恵も深めようとする。さらに犬や猫や、草や花も愛するようになる。手近にある草木や花を愛する人が、他人や外国人を愛さないはずがない。こうして全世界の人々は愛し合い、理解し合ってくらすのが当り前の人々の「本心」なのだ。ところが時々外国人の習慣と、自分の国の習慣が違っていたりすると、お互いに反発し合うこともある。

習慣と深切

例えば平成十三年三月十四日の『読売新聞』には、こんな投書がのっていた。吉田実さん（東京都豊島区・アパート経営者）のものだが、

『外国人が賃貸マンションやアルバイトを探す際の日本人の対応が冷たいという二日の投書「外国人に冷たい日本社会の現実」を読んだ。私は今までに五十人以上の外国人女性に部屋を貸してきたが、だれ一人として、まともに借りてくれた人はなかった。

いくら注意をしても、畳の上にブーツで上がり込む人、次に住む人を勝手に決めてしまう人もいた。ある人は、私の家の傘を無断で持ち出して紛失しておきながら、「買って返せば文句ないだろう」と食ってかかってきた。日本の習慣を説明しても、「自分の国ではこうしていた」と言って、聞き入れようとしないことが多い。

日本の習慣を無視するような人たちには、だれだって貸すことをためらうのではないか。もちろんまじめに勉強しようと来日している外国人もいるだろう。でも、そんな人た

ちも、なぜ自分たちがなかなか借りることが出来ないのか、ということを考えて欲しい。「ローマではローマ人のようにせよ」ということわざもある。日本の習慣を知り、迷惑をかけない努力をしようとしない限り、外国人がアパートを借りるのはいつまでも困難なままになってしまう。』

このような実例を参考にして、日本人も外国に行った時は、日本でゆるされている習慣を、相手かまわず勝手に振り回さないようにしたいものだ。日本ではまだ歩きながらタバコを吹かす人もいるが、こんなことが固く禁じられている国が多いし、音を立てて汁を吸うのも嫌われる。テレビでガツガツ飯《めし》をかきこむコマーシャルもあるが、こんなことはどこの国でもやってはいけない不作法《ぶさほう》なのだ。

インドなどでは、右手でカレー・ライスを食べるが、左手は使わない。日本でも禅宗の坊さんは、右手で左手に水をふくませて尻を浄めたものだ。こんなことでも知っておいた方がよい。その代り、深切な行いは、世界中どこへ行っても喜ばれるし、愛される。このような練習は、国内でやっていないと、外国ですぐできるという訳にはいかないだろう。この平成十三年三月二日の『読売新聞』には、前橋市の倉賀野まつみさんのこんな投書がのっていた。

『珍しく穏やかな日だったので、歯医者に出かけるため、少しひざを痛めてはいるが、ゆっくりとペダルを踏んで行った。すると前方を部活の帰りらしい中学生がぞろぞろと歩いていた。

ベルを鳴らすと、振り返り、口々に「こんにちは」と見知らぬ私にあいさつし、道を開けてくれた。急な坂道だったので自転車を降りようと思っていると、すごく軽く感じるので振り返ると、彼らのうちの一人が自転車を後ろから押してくれていた。

とかく不評を買っている最近の若者だが、彼らのあいさつ、ちょっとした親切で、とてもさわやかな気分にさせてもらった。』

こんなちょっとした深切でも、人々はみな喜んでくれるものである。

いやな服装

ところがその正反対の態度や行いも見うけられる。平成十三年三月七日の『毎日新聞』には、福岡市早良区の石橋幸子さんの、こんな投書がのっていた。

『雨にぬれた太宰府天満宮《だざいふてんまんぐう》（福岡県太宰府市）の参道を修学旅行の高校生が行く。申し合わせたように制服の着方がだらしない。紺の上着のすそからシャツがのぞき、ズボンがずり落ちそうだ。

中にはまたをひざまで下げて、すそを引きずる「松の廊下」もいる。すりきれ汚れた、こんなズボンで室内を歩くのだろうか。

美意識は世代によってズレるものと大抵のことには驚かないが、目に余るだらしないルックに、驚きを通り越して空疎《くうそ》な心を感じた。

制服は天から降っては来ない。幾多の人の手を経《へ》て完成した命ある製品で、それを買ったお金は親の労働の対価である。被養育・勉学途上という自覚があれば、こうまで制服を虐待《ぎやくたい》できないはずだ。

もし我が子だったら許さない、と心の中で慨嘆《がいたん》する私の後ろで「親の顔がみたいわぁ」と老婦人の声がした。

物の命を大切にすべき根拠を、物心がつくまでにこんこんと教えるのは、親の仕事にほかならない。』

国を愛する人

衣服とか頭髪なども、万国共通のコトバである。どこへ行っても、服装を見てその人の心や性格を判断する。それが他人の気分を害するものだったり、その会場や場所にふさわしくないと判断されると「入場おことわり」となるのは、世界共通である。日本国内でも、右のようなダラシナイ恰好《かっこう》で葬式へ行ったり、卒業式や入学式に行く生徒はいないだろう。それを親や先生が教えないのは、大人たちの怠慢《たいまん》である。

その反対に、祖国や他国を尊敬し愛する心をあらわすのも、服装や態度であることは明らかである。外国へ行けばその国の国旗に敬意を表すのが当り前だ。時には何故国を愛するのかときく人もいる。それは「何故父母を愛するのか」ときくようなもので、生まれた時からお世話になり、育てられ、色々と教えられるのは、父母であり、〝人類一般〟というわけではないからだ。それでも、

「私は世界を愛するから、国を愛する必要はない」

というだろうか。父母への愛があるから、世界の人々を愛せないという事はないし、祖国を愛するから、世界中の人々を愛せないとか、犬や猫は愛せないということもない。愛というものは、そんな固苦しいものではなく、奥深く、幅も奥行きもある「無限次元」のものだ。それが本当の愛であり、又それが分かるのが「本当の智慧」である。それが全ての人々にすでに与えられずみだから、人は皆「神の子」であり、「仏」なのである。そして

この愛を現し出すことが「喜び」なのである。

そのまま愛する

例えば平成十三年二月二十七日の『産経新聞』(夕刊)には、ケン・ジョセフという人の次のような〝元気になる話〟が書いてあった。

『先日、日本に帰ってきました。私は海外の被災地などから帰ってくるたびに日本の大地にキスをします。

昔の空港では、飛行機からタラップで地面に降りたのですぐにできたのですが、最近はターミナルに直接飛行機が着くのですぐにすることは難しくなりました。それでも続けています。

というのも、日本を離れて三、四日すると、自分の祖国である日本が恋しくなり、数週間あるいは数カ月ぶりに帰り着くと本当にこの国をいとおしく思います。

確かに一途《いちず》過ぎる愛はよくないと思います。でも「愛する」ということは本来そういうことではないはずです。

人を愛するとき、完全無欠な人などいませんから、その人を欠点も含めて愛する、そして愛するからこそよくなってほしいと思い、ときには厳しい態度をとることも必要となります。「愛している」といいながら、欠点や失敗に目をつむり表面的な優しさだけを見せ続けるのは本来の愛とはいえないでしょう。

昨今、国を愛する気持ちを自然にもつことが、どうも難しい時代になっています。日本の場合は歴史的な経緯もあるでしょう。環境問題や人権など国を超えた価値の重要性が叫ばれていることにも原因があるのかもしれません。

国にも、たとえ経済的に秀《ひい》でていても欠点はあります。それはどの国でも同じ。この国のいいところを誇りを持って愛するのと同時に、欠点が露呈《ろてい》すれば、その克服とさらなる発展のために厳しい態度で臨《のぞ》むことが、国を愛するということだと思うのです。

帰国してすぐ、日本にキスをするのは、「愛するということは、ときには厳しくあたることを必要とする」との原点に自分を立ち戻らせるための儀式の意味もあるのかもしれません。

愛する国だからこそ、厳しく誠意をもって接する。そういう心があって初めて、国のことがもっと好きになっていくのではないでしょうか。』

4　日本を愛するために

あるリーダー少年

最近の青少年は、ますます体形が伸びて来て、「見た目」には頼もしくなった。しかし彼らの「心」が立派になり、物事の判断がしっかりして来ているかどうかが、実は問題である。平成八年七月三十日の『産経新聞』の投書欄には、次のような記事がのっていた。川崎市幸区に住む森田良平さん（七六）のものだが、

『私が乗っていたバスに、球場近くのバス停から野球帰りの二十人ほどの中学生の一団が乗り込んできた。車内はたちまち、彼らの教室なみの騒がしさになると覚悟した。

しかし、リーダーらしい上級生は一番後ろに立ったままで、下級生には空席に座るよう指示した。予想外の展開にちょっと驚いたがさらに次のバス停で高齢者や女性客が乗るの

を見ると、このリーダーは座らせた下級生を立たせて、その客を座らせた。

下級生もリーダーの指示を待たずに、次に乗ってきた乗客に自分から立ち上がって席を譲った。そして公共の交通機関の中で騒ぐ女子高生と違い、バッグ類も隅に寄せて積み上げ、他の乗客に迷惑がかかるような騒ぎ方もしなかった。

私は家庭のしつけと学校教育の相乗《そうじよう》作用があれば、日本の将来を担《にな》う若者たちも、健全な道を歩むことができるのだと知った。同時に君が代や日の丸の認識以上に日常生活における感性こそが、基本的な問題であると感じた。（元経理業務）』

この光景は、実に心温《あたた》まる少年たちの姿である。このリーダーの少年も、それに従う少年達も、実にキビキビしていて、道義を心得ている。しかもリーダー君は後方で立ったまままだ。老人や女性に席をゆずり、自分達の〝野球づかれ〟を見事に克服した。つまり「思いやり」があり、自分達の欲望を第一に考えない躾《しつけ》（つまり訓練）が出来ていたのである。

この場合リーダーの自覚が物を言っているようだが、その自覚が父母から与えられたか、教師から与えられたか、両者からのものかは分からない。だがどんな有意義な教えでも、当人にそれをうける「心」がないことには身につかないのは、どんなすぐれたテレビ番組でも、それを見るためにスイッチを入れなければ受信出来ないのと同じである。

ところが人によると、良い番組ではなく、よくない番組のようなものを選んで見る者がいるように、悪役リーダーに従い、年下の少年達をこき使い、いじめ番組の主役を演ずる若者も出て来るのだ。こういう青少年が増えるか、それとも前述のようなすぐれたリーダー少年が増えるかどうかで、この国の運命は一変するに違いない。だから青少年の「心」の問題が重大であって、国の資源や面積がどうのこうのということは二の次だと言うことが出来るであろう。

あいさつの喜び

ところが現在の日本人の関心は、「心」にはなくて、「物」や「権利」の方に重点がおかれているようである。自分の得にならないことは放っといて、得になることなら、すぐ飛びついてしまう。その得も「徳」ではなくて、「欲得」である。だからひとの迷惑になることでも、自分が楽ならそれでよいと思い、周囲に対して親切でないのだ。小学生くらいの少年少女でも、乗物の中で座席を占領し、大人を立たせて平気な者がいる。傍《かたわ》らにリーダーがいても、彼も亦《また》平気で坐っている有様だ。道を歩く時も、大きく腕を左右に振って歩く人もいるが、人が混んでいる道でそれをやると、手が周囲の人々にぶつかりそうになる。それでも「手を振って歩く自由があるのだ」というわけか。自転車に乗って歩道を行く少年少女も、うまい人は人にぶつかりそうでも、クルリとすり抜けて行く。乗っている方はスリルがあって面白いかも知れないが、歩いている方は、ぶつかりそうだからギクリとする。やはりかなり迷惑なのだ。

一方大人にも思いやりに欠けた人達が沢山いることはたしかである。つまり自分本位だ。一言のあいさつでも、それをするとしないのとでは大違い。平成八年七月二十四日の『産経新聞』の投書には、こんなのもあった。

伊原徳男　11
（東京都港区）

『

「おはようございます」

朝、学校へ行き、先生や主事さんにあいさつすると、とても気分が良くなります。そのうえ「はい、おはよう」と笑顔を返されるとそれ以上に気分が良くなりその日一日、楽しくなる気がします。

でも、「おはようございます」と言わない友達もたくさんいます。

僕は「なんであいさつをしないんだろう。あいさつをすれば気分が良くなるのに」といつも思います。

あいさつはした方も、された方もとても気持ちがいいのです。人の気持ちを和《やわ》らげてくれます。

僕はこれからも、ずっとあいさつをしていこうと思います。

（小学生）』

この少年は「あいさつの喜び」を知っている。きっと誰かに教えてもらったか、父母があいさつの上手《じょうず》な明るい人達だったのだろう。あいさつはムッとしてやるものではない。最敬礼のように頭を下げるのは、特別の場合だけで、いつもそれをやられたら、やられた方が困る。何故かというと、相手の頭が下がっている間に立ち去るのは失礼になるし、相手の頭が上がるまで待っていると、だいぶ時間がたってしまう。昔、殿様の前で平《へい》伏《ふく》した習慣を、この忙しい現代社会でやるのは、相手の立場を思いやらぬ「自己満足」になる。土下座《どげざ》のあいさつでも、同じことが言えるであろう。

礼儀のやり方

さて昔の江戸時代に、アメリカのペリーが一八五三年浦賀沖に黒船で「開港」をせまりに来た。ところがそれ以前にロシアの軍艦が長崎に訪れたことがあった。この時の様子が『菜の花の沖』という司馬遼太郎さんの本（第五巻）にくわしく書かれている。当時の日本は「鎖国」をしていたので、外国向けには長崎しか港は開かれていなかった。しかしロシアは日本と交易がしたかったので、一八〇四年に海軍大尉クルーゼンシュテルンが艦長として指揮するナジェージタ号がやって来た。全権大使としてはレザノフが乗り込んでいて、一七九三年に遭難した四人の日本人も日本に送り返す目的でこの艦にのせられていた。

ところが長崎での日本側の対応は、大変まずかったらしい。このナジェージタ号は長崎港外で一八〇四年十月八日から約六ヵ月間も待たされた。長崎奉行と艦長との面会の件は、奉行代理一行が甲板《かんぱん》に上ると、オランダ語の通詞《つうじ》（通訳のオランダ人）二人が甲板上で土下座をしてあいさつした。この時クルーゼンシュテルンがどんなあいさつをしたかはどこにも書いてない。日本側は、外国人は全て日本式の儀礼に従わせるという原則をとっていた（一八五頁）という。レザノフも「日本式に従え」とロシア政府から訓令《くんれい》されていたのだ。

やがて幕府の検使役とその随員はレザノフの部屋（艦内）に案内され、通詞は床《ゆか》の上に

正座した。そしてレザノフに対し、

「日本の礼儀に従うか」

と質問している。部屋には椅子とテーブルとがあり、レザノフはそれを示し、検使役たちはそれに腰を下ろした。レザノフは答えて言った。

「私を代理者として派遣したロシア皇帝の威厳をそこなわぬ限りにおいてよろこんで従う」と。（二八七頁）

しかし〝床に正座すること〟をどう解釈するかはまだわからない。次に日本側はレザノフのゆるしを得て、オランダ商館長のドゥーフとその属官を部屋に入れたが、この二人は通詞と同じように床の上に正座した。商館長というのはオランダの領事に当るから偉い役人だ。それが日本式に床に坐ったのである。ところが検使役の二人は椅子に腰かけていた。これではちょっと礼儀の具合が入りまじっている。しかし出島《でじま》のオランダ人はこのような〝屈辱〟にたえて来た。さて長崎奉行の検使役たちがレザノフに、

「あのようにオランダ人も、わが国の命に従ってくれている。長崎に上陸すれば、御身も、あのとおりになさるかどうか」

ときいたのである。レザノフは否《いな》と答えたが、このやりとりが日露の交渉がうまく行か

なかった一つの原因になっている。こうしてレザノフ一行は半年間の長崎滞在にもかかわらず、まるで捕《と》らわれの身のようにほとんど上陸させられず、持参した「国書」も受け取られず贈りものも受けとられず、通商も全て断られてしまった。そしてさらに、「速《すみやか》に帰帆《きはん》すべし」

という結論を聞かされて、レザノフは顔色を変えたということで、その後ロシア兵が当時カラフトにあった幕府の兵や施設を攻撃した原因にもつながっている。

楽しいあいさつ

このように「あいさつの仕方」一つで、国と国との関係がこじれたり、うまく行ったりするものであるから、土下座などの習慣のなくなった現代日本は、やっとどこの国とも交際できる国になったと言えるだろう。だから個人と個人との間でも、あいさつの仕方や、そのやりかたは大切だ。相手に対して最敬礼をしたり、合掌し、何べんも頭を上げ下げしておれば全てオーケーというものではない。相手の前で、相手の顔も見ず頭を下げ、長い長い礼をして、顔を上げても、相手の目をみないままサーッと去って行くのは、「相手を見ていない」という点で〝土下座〟と〝敬遠〟の混合した感覚である。合掌の場合も、さらに握手の場合でも、下を向いたり、そっぽを向いてやったのでは、正しい現代式の礼儀とは言えないだろう。握手した手を握りっぱなしにして、別の人の所まで引っぱって行くというのは、暴力的あいさつと言う他はない。敬語の使い方でも同じことが言える。やたらに敬語らしい丁寧《ていねい》語を並べ立てるのもよくないし、文章の末尾だけにつけてあとは全部省略という一部マスコミの方式も、美しくないし、心がこもっていない〝偽礼〟であると言うことが出来るだろう。

さらにまた、入学試験や入社面接などの時のあいさつの仕方もなかなか難しいもので、要するに愛があり、秩序に叶《かな》い、さらに言うなれば、相手を「神の子・人間」と見るか肉体の塊《かたまり》と見るかで、大変な相違が出て来るものである。

あいさつは全て言葉であり、かつて述べたようにコトバは身《しん》・口《く》・意《い》の形をとる。つまり身体で行う表現や行動、口で言う言葉、そして心の中の思いの三つである。それが行《ことば》であり業《ごう》であるというので「三業《さんごう》」とも言われる。そして「三業」があなたの運命を作るのであるから、馬鹿にしてはいけない。かつて私が渋谷で用件をすませて、原宿の自宅まで帰って来た時のことだ。私の宅は明治通りという大通りから曲がった小さな私道を歩いて突き当たった所にある。その私道には時々別の所へ行く人が迷い込んで来て、行き止りだから仕方なく引き返す。その日も私の前を歩いて、私道に入って来た二人連れの女の子（二十歳ぐらい）が、行き止りの門まで来て、引き返そうとしていた。私は門から引き返そうとする彼女らに声をかけて、

「どこへ行かれるんですか？」

ときいた。多分道を間違えて私道に入って来たと思ったから、そう言ったのである。すると二人は、ウンともスンとも答えず、私の問いを無視して、私の傍《かたわ》らを通りすぎて行った。これで見ると明らかに私の宅へ訪れた人ではなく、見知らぬ娘さんたちだ。しかし何とかあいさつがあってもよかろうと思うが、無言であり無表情だ。これでは若い日本人の礼儀知らずと言う範囲に属してしまうだろう。

世の中はコトバで作られて行く。無言と無視とでは、幸せな明るい未来は作られないのである。又かつて私が本部の近くの神社の境内《けいだい》で、向こうから来た二十五六歳ぐらいの青年と出あったことがある。彼は大きな荷物を肩からぶら下げていた。私とは逆方向へ行くのだが、このままで行くとどうも私のコースとぶつかるらしい。そこで私は少し左側によけて道をゆずる格好になった。近ごろはブツカル直前にヒラリと身をかわす若者も多いが、私はそんなゲイトウは得意でないから、だいぶ離れた所からコースを変更した。

すると彼と私とはブツカリ合わず、スムースに行き交《か》った。そのとき彼は見知らぬ私にニッコリと笑いかけて去って行ったのである。これが現代日本青年のやり方でなくてはならない。笑顔も立派なコトバである。相手が道をゆずってくれたら、そのようなあいさつをした。そんなところから、日本の国が楽しくなって行くのである。

外国語を使う人でも、大人でも子供でも、皆神の子だ。身分や職業などはどうでもよい。いつかこの青年と同じような所で、私とすれちがった男性は、一見《いっけん》浮浪者風《ふろうしゃふう》のよごれた身体つきで、髪もボサボサでよれよれ、衣服もよれよれだった。しかし彼は私に笑いかけて、何とか声をかけてくれた。私もあいさつを交わして、彼と別れた。彼も私を〝仲間〟だと思ってくれたのかも知れない。人間はみな本当は〝神の子・人間〟であり、よい人ばかりが助け合いの生活を続ける「人生劇場」への登場人物なのである。すぐれた〝名優〟ぞろいで、すっかり本人に成り切っている楽しい人生ではないだろうか。

楽しく生きるために（完）

楽《たの》しく生《い》きるために

平成十四年七月十五日　初版発行
平成二十八年六月　一日　五版発行

著者　谷口清超（たにぐち　せいちょう）〈検印省略〉

発行者　岸　重人
発行所　株式会社　日本教文社
東京都港区赤坂九―六―四四　〒一〇七―八六七四
電話　〇三（三四〇一）九一一一（代表）
〇三（三四〇一）九一一四（編集）
FAX〇三（三四〇一）九一一八（編集）
〇三（三四〇一）九一三九（営業）

頒布所　一般財団法人　世界聖典普及協会
東京都港区赤坂九―六―三三　〒一〇七―八六九一
電話　〇三（三四〇三）一五〇一（代表）
振替　〇〇一一〇―七―一二〇五四九

組版　レディバード
印刷　東港出版印刷株式会社
製本　牧製本印刷株式会社

定価はカバーに表示してあります。落丁・乱丁本はお取り替えいたします。

ISBN978-4-531-05224-0

本書の本文用紙は、地球環境に優しい「無塩素漂白パルプ」を使用しています。